# Vos gueules
# les psy

Du même auteur

*Miroir de femme*
*Question d'analyse*
*Mariage en blanc pour divorce en noir*
*Un enfant nommé désir*
*Bonjour docteur*

RAYMONDE HAZAN

# Vos gueules les psy

HR

ISBN : 2-9520248-0-4

*Certains bonheurs nous laissent aveugles d'une autre vie. Apprendre à tourner la page et ne pas fermer la porte de la vie... C'est cela faire le pas pour regarder devant soi.*

*À mon père.*

J'AVAIS 29 ANS LORSQUE J'AI VU LE PLAFOND DE MA chambre, tout de bois, s'écraser sur moi. En pleine nuit, je me suis levée, j'ai descendu l'escalier et je me suis effondrée sur le canapé du salon. Mes mains tremblaient, ma respiration était haletante, mon ventre se pliait de douleur et ma nuque se raidissait. Je me sentais ridicule, j'avais honte de ne pouvoir maîtriser les frissons qui envahissaient mon corps et je me souviens avoir eu très peur.

Évidemment j'ai caché cela ! Évidemment je n'en ai pas parlé et évidemment cela a recommencé.

Je suis allée voir le médecin du village. À l'époque, j'habitais à Cesson-la-Forêt, une très jolie maison au milieu des bois. Je venais de réaliser un de mes rêves : un jardin de roses et un feu de bois.

Nous faisions la fête avec nos amis, les barbecues allaient bon train, mon fils avait quelques mois et ma fille, 9 ans. Je venais de me remarier.

Notre bonheur était parfait, parfumé de flambées de bois.

Entourée de toute ma famille, j'avais décoré la maison comme dans un rêve de petite fille : chaque chambre avait un nom de fleur et sa couleur.

Mais la névrose latente a choisi ce moment pour frapper à ma porte. Ce que j'ignorais. Durant une année entière, je frappais à mon tour à la porte des médecins de village, des professeurs d'hôpitaux, des endocrinologues, des gynécologues. Durant plus d'un an les médecins m'ont répondu : « Madame, vous n'avez rien. »

J'empilais les ordonnances, je cherchais d'autres adresses. Les crises se rapprochaient. Le cercle se refermait.

Je trouvais refuge sous le sapin qui, de ses branches, me protégeait et j'y cachais mon chagrin. Je tremblais, je frissonnais, mon cœur s'accélérait, j'avais peur. J'avais si peur ! C'est tout ce dont je me souviens...

Paul, le frère de mon mari, était obstétricien, il terminait son internat. J'ai essayé de lui parler mais il m'a dit : « Tu n'as rien, c'est juste un peu de fatigue après l'accouchement. » C'est lui qui avait mis au monde mon fils Grégory.

Paul avait pris les choses en main lors de mon accouchement et, à cet instant, il m'a prescrit quelques vitamines mais cela n'a rien fait.

Finalement, j'ai obtenu gain de cause et réussi à convaincre quelques médecins de mon état pour le moins inquiétant.

Le premier m'a conseillé de retirer la thyroïde, le deuxième, d'enlever la vésicule biliaire et, le troisième, d'exercer une « totale ».

Ces médecins m'ont prescrit, en attendant les opérations, un traitement radical : je prenais six comprimés pour ralentir la thyroïde, quatre pour ralentir le cœur, trois antidépresseurs, trois calmants anxiolytiques, des suppositoires antispasmodiques pour le ventre, des régulateurs pour le foie qui criait sa bile et, comme j'étais fatiguée, on a ajouté à cela une bonne dose de vitamines... Vingt-trois comprimés par jour !

J'étais entourée des amis de Paul, étudiants en médecine, et de mes amis qui venaient faire la fête chaque week-end. Aucun de ces futurs praticiens n'a voulu entendre ma souffrance, aucune de mes amies non plus.

Le champagne et le vin coulaient à flots, les rires dans le jardin, j'allais pleurer sous mon sapin. Peu à peu, le cercle sur moi s'est refermé, je ne pouvais plus aller à Paris. Je travaillais au Club Med qui m'avait reprise à la fin de mon contrat d'hôtesse à UTA, jusqu'au jour où, en route pour l'aéroport d'Orly, j'ai vu ma voiture stopper à l'entrée du souterrain. Impossible d'avancer. J'ai fait demi-tour sous les klaxons.

Je me suis retrouvée au milieu du bois de la forêt de Sénart. J'ai arrêté ma voiture et j'ai marché. Je ne comprenais plus rien. Un homme a stoppé et je compris qu'il me prenait pour une prostituée alors que j'étais comme une âme en peine.

J'ai repris ma voiture et quatre cachets. Je suis rentrée chez moi et j'ai pleuré sous mon sapin. Mon absence a déclenché un scandale. Évidemment, j'ai été virée du Club Med puisque j'avais dans ma sacoche les billets de trois cents passagers.

Je m'enfonçais dans mon silence. J'ai fini par avaler mes comprimés et par confondre le jour et la nuit. Je dormais vingt-quatre heures sur vingt-quatre. Personne n'osait me poser de questions. Il me semblait que tous m'évitaient, ce qui m'enfermait définitivement dans la peur, le chagrin et le désarroi. Puis le cercle s'est resserré, encore et encore, jusqu'au moment où je ne pouvais plus sortir de chez moi. Je ne quittais plus le divan face à la cheminée. Lorsque j'avais un peu de force je taillais les rosiers, Popy, mon mari, taillait sa route.

Je suis restée ainsi... Je ne me souviens plus combien de temps...

Mon mari se lassait de ma lassitude. Les amis continuaient la fête, je continuais mes siestes et mes nuits dans le jardin. Peu à peu, je quittais le monde des vivants, peu à peu, je m'enfonçais vers une mort lente.

Popy allait et venait avec de jolies filles que je ne connaissais pas et qu'il disait être les petites amies de ses amis.

J'ai même fini par creuser un trou au pied de mon arbre pour que mon corps s'y repose harmonieusement. Je voulais m'enterrer vivante, ne plus voir, ne plus croire. Je priais Dieu de venir me chercher.

Ma voisine que j'aimais beaucoup est venue me voir un jour sous mon sapin : « Ray, tu ne peux pas rester ainsi. »

Je me souviens avoir trouvé la force de sangloter. C'est là qu'elle m'a parlé de son père psychiatre et de son mari qui avait fait neuf ans d'analyse.

– C'est quoi, l'analyse ? ai-je répondu en reniflant dans ma manche comme une enfant perdue.

– Tu as un regard chimique ! m'a-t-elle dit.

– Un regard chimique ? Ça veut dire quoi ?

– Jette tes médicaments et viens prendre un thé à la maison.

Je me souviens combien cela m'a redonné de la force. J'ai pris tous mes cachets et les ai jetés à la poubelle.

Elle me parle de l'analyse, de la psychanalyse, de la psychiatrie... « Je ne suis pas folle, tu sais ! » Mais je pouvais en effet le devenir. L'incompréhension était aveuglante.

« Rendez-vous chez un psy ? Mais c'est quoi un psy ? »

En 1976, elle m'explique que si je parlais à un psy je pourrais guérir car je n'étais pas malade. Ma vue se troublait, je ne comprenais rien de ce qu'elle racontait. Mais elle y mettait tant de cœur, tant de sucre dans mon thé que, pour lui faire plaisir, j'ai dit « oui ».

Quelques jours plus tard, entraient dans notre maison deux amis de Popy, qui allaient s'installer chez nous.

L'un était étudiant en droit et l'autre, Dominique, étudiant en droit, médecine et sciences politiques.

J'avais jeté mes médicaments, je retrouvais des forces et reprenais la pelle et la pioche. Dominique m'aidait à planter ce que j'ai longtemps appelé « La culture de mon ignorance ».

Dominique creusait, je plantais, on rebouchait, on rigolait, on s'amusait, on arrosait.

– Je ne suis pas folle, tu sais !

– Bien sûr que non ! me disait-il, plein de joie et d'assurance.

Puis, je m'asseyais sous le sapin, je lui parlais, il m'écoutait.

– Tu sais, j'ai un ami psychiatre, Al, je l'ai invité à dîner ici, tu pourras lui poser toutes les questions que tu veux.

– Questions de quoi ?
– Celles que tu voudras !

J'avais préparé la table près du feu de bois lorsque Al qui devait venir avec sa femme et ses enfants est venu seul :
– Votre femme ne vient pas dîner ?
Il ne me répondait pas.
– Vos enfants vont venir peut-être ?
Il ne me répondait toujours pas. Je commençais à me sentir embarrassée et ridicule.
– Je ne suis pas folle, vous savez !
– Si vous voulez me poser une question, je vous répondrai.
Puis Dominique est arrivé. J'ai souri pour meubler puis j'ai dit :
– Nous passons à table.
Ils parlaient, j'ai murmuré :
– Al, tu veux prendre un verre ?
– Je peux te sortir de là, mais ça va être long et très difficile.
Tiens, c'était le premier médecin qui ne me disait pas : « Je vais vous sortir de là, vous n'avez rien, vous êtes guérie. »
Puis Al a pris son imperméable, a ouvert la porte du jardin et, sans dire un mot, s'en est allé.
Je suivais cet homme des yeux, je le regardais s'éloigner, son imperméable gonflé au vent, il a

traversé mon jardin, s'est glissé dans sa voiture bleue. Les lumières ont clignoté et il a disparu dans la nuit. J'ai refermé la porte du jardin. Je ne comprenais rien, c'était une sensation étrange.

Les jours passaient.

Dominique était le seul à penser que je n'étais pas folle, le seul à me soutenir dans ma non-folie, le seul qui avait organisé ma route vers la psychanalyse.

Le 11 novembre 1976, Dominique est venu me chercher pour ma première séance chez le psychanalyste. Il m'attendra au café du coin.

Je ne me souviens plus où était Popy...

Ma première rencontre avec Al : une pièce obscure, un lit avec une sorte de couverture, un coussin et un gros fauteuil.

Il me tend la main et me fait signe de prendre place. Je m'assois sur le fauteuil maladroitement puis il m'explique que c'est sa place et que je dois m'allonger. J'enlève mes chaussures, mais il dit que ce n'est pas nécessaire. Je laisse mes pieds dépasser pour ne pas salir le couvre-lit.

– Dis-moi ce que tu veux.

Je m'étais allongée et, en sortant de là, j'étais sonnée, bizarre.

Dominique m'a prise par les épaules et m'a ramenée à la maison. Nous avions une heure de route.

Je me suis allongée sous mon sapin. Je me suis endormie. À mon réveil, Dominique était là. Je me souviens qu'il m'a pris la main, je me souviens que j'étais bien.

C'est en ce jour du 11 novembre 1976 que j'ai pris des feuilles blanches et que j'ai commencé à écrire. Je me souviens de mes premières écritures :

« Aujourd'hui je suis allée chez un autre médecin. Celui-ci ne parle pas comme les autres. Je me suis allongée et j'ai dit : Je m'appelle Raymonde, j'étais enceinte à 17 ans, je voulais être décoratrice, j'ai fait les Arts déco, ma fille s'appelle Sandrine... »

Je me suis dit que j'allais écrire chaque jour pour voir comment mon nouveau traitement évoluerait, traitement que j'appellerais dix ans plus tard dans un manuscrit : « Traitement sans ordonnance ». Pour la première fois, je voyais un médecin qui ne me demandait pas de faire des prises de sang ou de prendre des cachets mais, pour la première fois, j'avais l'impression d'avoir été violée dans mes pensées.

La séance suivante j'ai demandé à Al :

– Mais qu'est-ce que j'ai ?

Il m'a répondu que, s'il me le disait, je ne comprendrais pas les termes scientifiques ou techniques et que cela ne m'aiderait pas.

Je lui ai demandé combien de temps je devrais venir trois fois par semaine.

– Trois ans.

Je notais chaque jour l'évolution de ma lente guérison.

Dominique m'accompagnait à chacune de mes séances.

Ma voisine m'avait enlacée très fort lorsque je lui avais dit : « J'ai commencé chez un psy » et nous avons sucré notre thé. C'était un jeune couple comme nous et jusqu'à ce jour je la remercie de ses bras ouverts où j'ai trouvé refuge.

Je continuais de cultiver les fleurs de mon ignorance. J'écrivais chaque jour dans ma solitude.

Dominique continuait de m'accompagner. Je ne pouvais pas sortir de chez moi seule. Je ne pouvais pas franchir seule la grille de mon jardin, mais j'étais bien. Mon mari menait sa vie, j'organisais la mienne. Il ne disait rien, je n'avais donc rien à répondre.

Je pense qu'à cette époque je l'aimais assez pour vouloir qu'il continue sa vie sans moi. Je me disais : « Quand je serai guérie, on se retrouvera. »

J'ai répété et écrit cette phrase sans cesse. Je crois que je regardais Popy de ma lucarne et j'étais satisfaite de le voir vivre, sans comprendre que je le perdais.

Mais bientôt m'a rattrapée la culpabilité d'être malade. La honte de ne pas pouvoir faire mes courses. La honte de ne pas pouvoir emmener mes enfants en sortie. Cette putain de honte de ne pas pouvoir ! C'est ce dont je souffrais maintenant le plus. Popy emmenait les enfants. Je refermais la porte et allais pleurer sous le sapin.

J'étais devenue comme cette poupée que mon père, lorsque j'avais 3 ans, avait ramenée d'un de ses voyages à New York, en pleine nuit : « Tu vois Ray, elle marche toute seule. »

Elle était immonde, monstrueuse. Il la tenait par la main et, dans un bruit infernal, elle se mettait à marcher comme un horrible robot.

Non, papa. La poupée ne marchait pas seule, c'est toi qui lui donnais la main.

Dominique continuait de me donner la main, de m'écouter. Je savais à peine m'exprimer. Je continuais d'écrire et de cultiver mon jardin de roses. Mes enfants sortaient, je continuais d'en chialer !

Ma sœur et mes parents voyageaient, j'en crevais de chagrin. Sous mon sapin, j'étais bien. Dominique me donnait la main.

C'est la deuxième année que j'ai ouvert ma première boutique. Nous avions quitté la campagne. Mon psy était allé dans le XII$^{e}$ arrondissement.

La troisième année, en 1978, j'ai mis en place ce que j'appelais mon triangle des Bermudes, là où j'allais me perdre et là où je pensais me retrouver.

Notre maison à Saint-Maurice, face au bois de Vincennes, ma boutique près de Nation et mon psy, deux rues plus loin.

Dominique m'a lâché la main. Je pouvais enfin faire le trajet seule, avec Maya, ma chienne boxer : Al, ma première boutique de déco et la maison juste après le bois.

Durant plus de trois ans j'ai dormi, écrit, coupé les roses. Je n'ai pas vu ou pas voulu voir que mon mari était déjà lassé de ce que j'avais : « Une grosse névrose », premier stade psychiatrique. Mon mari regardait les autres femmes, mon mari était de plus en plus absent. Je me croyais guérie, j'avais juste oublié le temps. La belle au bois dormant s'est réveillée... mais mon prince charmant par la grille de ce nouveau jardin s'en est allé.

De nouveau, j'étais sous mon sapin.

Mon mari m'a reproché de ne pas avoir été là. Mon fils me parlait à peine. Seule ma fille était mon rayon de soleil : « Maman, je t'aime. »

J'ai expliqué à Al que Popy n'était plus présent et que je ne comprenais pas pourquoi il ne m'avait pas attendue. Al m'a répondu ceci :

« Tu ne comprends pas que ton mari veut te voir internée, comme ça il pourra faire ce qu'il veut. » Ce jour-là, je n'ai surtout pas compris que, comme une araignée, mon psy tissait sa toile.

Je suis sortie de chez lui, atterrée.

Nous habitions en face de l'hôpital psychiatrique de Saint-Maurice, là où, de l'autre côté, à la maternité, mon fils était né. Coïncidence ou hasard ?

Ce jour-là j'ai franchi la grille du parc de l'hôpital psychiatrique. Ce jour-là, j'ai voulu en finir. Ce jour-là j'ai fait demi-tour et, ce jour-là, j'ai déposé ma demande de divorce.

J'ai regardé Popy, je savais que je l'aimais mais mieux valait lui rendre sa liberté plutôt que de subir l'humiliation qu'il la prenne. Je sauvais mon honneur, ni plus ni moins.

À l'époque, Popy était avec Pascale, une sorte de poupée Barbie. Une poupée qui marchait seule... Popy partit avec sa Barbie, je continuais de penser : « Le jour où je serai guérie, on se retrouvera. »

Nous avons signé un divorce à l'amiable.

Mon premier divorce à 19 ans avait été un divorce pour faute où j'avais été honteusement accusée de « refus du devoir conjugal ».

J'avais donc, pour ces motifs d'une première blessure, exigé un divorce à l'amiable.

Je me souviens... Popy disait ne pas vouloir divorcer.

Un jour, il est venu dans le jardin avec sa Barbie :

– Tu vois, Popy, nous installerons Grégory dans cette partie de la maison et nous, nous prendrons cette chambre.

Qu'est-ce que cette pétasse venait se pavaner dans mon jardin de roses !

Le café était sur la table et je versais du noir dans la tasse de Pascale :

– Popy, tu peux aller chercher du sucre, dans la cuisine ?

Je lui ai tendu le sucrier vide et il tira un sourire en coin. Popy a couru dans la cuisine afin que mon entretien avec Pascale soit le plus bref possible.

– Pascale ! Tu vois la maison ? C'est la maison ou le divorce, tu choisis !

Popy est revenu sur les chapeaux de roue s'asseoir.

– Tu sais, Popy, peut-être que nous ne devrions pas garder la maison.

Popy força son sourire.

– Tu vois, Popy, lorsqu'on lui explique les choses, elle comprend vite !

Popy et Pascale ont renoncé à l'idée d'effleurer un jour les murs de ma maison.

Quelques mois plus tard, Popy et moi sommes allés bras dessus, bras dessous au tribunal de Créteil. À la sortie, nous nous embrassions comme de vrais amoureux. Je me sentais libre et heureuse. Popy me donnait la main. Il m'a reconduite jusqu'à la grille du jardin où j'ai senti une épée me traverser le corps de part en part : « Mes affaires sont prêtes, je vais vivre à Cannes avec Pascale, je t'appelle. » Cannes étant à une heure et demie d'avion, l'ampleur de mon mal-être prenait une toute autre dimension.

J'avais rêvé de vivre au soleil. Popy et moi avions fait ce rêve ensemble mais Popy avait toujours remis à une date ultérieure notre descente sur la Côte d'Azur. Pourtant nous y avions passé de longs week-ends.

Ce jour-là, j'ai compris qu'en plus de ma vie, il venait de me voler mes rêves. Ma claustrophobie m'empêchait de prétendre prendre l'avion et mon agoraphobie ne me permettait même pas de passer la grille de mon jardin.

Mon sapin ne réussissait plus à absorber, dans ses racines, les larmes de mon chagrin.

Quelques mois plus tard, Popy a emmené mon fils à Cannes jusqu'au rendu du jugement qui confirmait vacances chez son père, scolarité chez sa mère. Mais je ne saurais jamais où mon fils a voulu vivre, lorsque, quatre mois plus tard, Popy l'a ramené à la maison. La Barbie se serait-elle lassée de mon fils ? Ou mon fils voulait-il rentrer chez sa mère ?

Jusqu'à ce jour, aucune réponse n'est venue éclairer ce sombre obscur.

Al, alors que je sanglotais, m'a dit de Popy : « Avec lui tu ne pouvais pas t'en sortir. »

Je ne croyais plus en rien ni en personne. Je replongeais dans mes écritures. Maintenant j'avais un objectif : je voulais comprendre. De quoi est-ce que je souffrais ? Pourquoi ce mal persistait ?

Je suis restée encore quelques années sans passer la grille de ma maison. Il me fallait maintenant la racheter, payer les charges et m'occuper de mes enfants, puisque j'avais renoncé à ma pension. Une fierté dont j'aurais dû me dispenser !

Enfermée dans ma maison et dans mon cœur, ce fut à cette époque que je trouvais ma première théorie : la psychanalyse devait avoir des données mathématiques. Je suis allée chez Al avec ma théorie sur l'autonomie. La seule chose qu'il a trouvée à me dire : « Tu as lu Lacan ! Tu as lu Lacan ! »

Je ne savais pas que ce monsieur existait. Oui j'avais entendu ce nom, celui de Freud aussi, mais plus dans les blagues de mes amis que dans les livres. Je détestais lire. J'ai compris bien plus tard pourquoi : à 12 ans, j'avais trouvé dans la malle d'une cave de mes parents, deux livres fabuleux : *Climats* d'André Maurois et *Les Enfants terribles* de Jean Cocteau. Aucun autre livre que l'on m'avait obligée à lire à l'école ne m'avait procuré la même émotion. J'avais donc renoncé à lire.

– Non, monsieur Al, je n'ai pas lu Lacan !

Mon mari à Cannes, pardon, mon ex-mari, les dettes s'accumulaient, je décidais de louer la moitié de ma maison. Je vendais ma boutique et restais ainsi jusqu'en 1984, à écrire, fouiller, chercher.

« Mais c'est quoi cette maladie ? C'est quoi ce mal qui me ronge ? » J'avais l'impression d'avoir des chaînes aux pieds. Comme un prisonnier, je portais mes boulets. Mais rien n'était visible.

1984, huit ans plus tard, j'ai eu droit à une pause. J'ai rencontré JB, un homme fabuleux, corse. Le saucisson, le jambon fumé étaient accrochés aux poutres du plafond.

Je me souviens de sa première nuit à la maison, où, à cinq heures du matin, je m'étais levée pour aller dans le jardin voir le soleil se lever à son tour. J'aimais ces moments où tout le monde dormait dans la maison, seule dans mon jardin, les oiseaux gazouillaient, je buvais mon café, j'écrivais, je pensais lorsque soudain j'avais entendu une grosse voix qui m'avait fait sursauter de peur : « Qu'est-ce que tu fais là ? » Il avait regardé autour de moi :

– Tu es seule ?

– Je ne fais rien, j'écris, c'est tout !

Il s'était mis la main sur le front et était retourné se coucher.

Ce jour-là, je n'avais pas compris que les hommes que j'ai connus, avant et après lui, étaient plus jaloux de mon osmose avec la nature et l'écriture que si j'avais eu un amant.

Au début, il a essayé de me retenir dans ses bras puis il a abandonné. Chaque matin, en été, à cinq heures je continuais de fouiller et de chercher ce mal qui me rongeait et qui pourtant n'en était pas un !

J'allais de théories en suppositions, de formules mathématiques en dessins de situation. Les feuilles s'accumulaient, je gardais mes écrits que je relisais, je changeais les données, je récrivais, je pensais et recommençais.

En 1983, j'avais terminé mon manuscrit : « La poupée qui marchait seule », manuscrit que j'avais offert à Al, puisque je pensais que seule une poupée qui n'était pas moi pouvait marcher. Aucun commentaire pendant des mois : « Tu n'as pas lu mon livre ? »

Al avait eu un regard admiratif. Ce jour-là, j'aurais dû comprendre que j'étais en danger. Je n'avais ressenti que du mal-être, une sorte de gêne, comme s'il avait inversé les rôles. Je voulais l'admirer et soudain, lui, m'avait montré son admiration :

« Ce n'est pas ce que tu dis, les autres l'ont dit avant toi, c'est la façon dont tu le dis. » Puis il avait ajouté : « Un jour ce sont les autres qui liront tes livres. » Je me souviens avoir souri et ajouté : « Tu vois, si Freud a trouvé, je peux trouver aussi. » Il avait été gêné, j'avais été embarrassée mais je le pensais.

J'ai connu la Corse et ce beau voyage, je suis enfin sortie de chez moi, j'ai découvert l'île de Beauté, j'ai rencontré la mère de JB !

JB m'avait dit de ne pas venir en Corse, il avait même tout cassé à la maison lorsque je lui annonçais que je viendrais avec lui.

Al m'avait dit : « Si. Tu dois partir avec lui. »

Alors, je répliquais : « Si. Je pars avec toi. »

JB m'a offert les lampes et la vaisselle qu'il avait cassées la veille et nous sommes partis, sans savoir que Al, lui, savait pourquoi je n'aurais pas dû partir...

Tout le monde a été adorable avec moi, je réussissais à marcher seule dans le village de JB, dont le père était le maire. Hélas, celui-ci m'a fait visiter la mairie malgré mon désaccord. À la sortie de la mairie, le maire me tenait le bras, j'ai croisé la mère de JB. Son regard était noir de colère. Entre le maire et la mère, je ne savais jamais quoi faire. Le matin, à cinq heures, je sortais ma table et mon thermos de café et tandis que les Corses dormaient, j'écrivais et je rêvais devant le magnifique couvent. C'est ici que j'allais écrire « Le monde affectif », « Les conflits culturels » et « Environnement et déplacement ». Je n'ai vu aucun Corse ! À cinq heures, vous pensez, tous dormaient ! Pourtant, avec tant de tendresse ils disaient : « C'est la *pissoute* qui admire notre couvent au lever du jour ! » J'étais très émue de leur gentillesse. Les promenades, les poissons grillés, les soirées, les hortensias bleus assortis aux stores et aux coussins du jardin, le maquis, ces boules vertes aux multiples variations, les baignades dans les rivières, l'eau des fontaines... Je ne voyais pas que j'étais Pierrette et son pot au lait.

Lorsque nous avons quitté le village, JB pleurait, les larmes roulaient sur son visage comme notre descente de la colline : en douceur. « Ne pleure pas, JB. Je te promets, nous reviendrons acheter une maison l'année prochaine. » Il était inconsolable, il ne parlait plus.

Il n'a pas parlé pendant six mois jusqu'à ce soir où le diable dans le feu s'est dessiné sur les murs de notre chambre. Les flammes dansaient le feu ardent de notre passion.

Je fêtais ma liberté ! Je prenais ma voiture seule ! Coupe de champagne à la main, je trinquais à notre bonheur !

Lorsque j'ai entendu : « Ma mère m'a demandé de choisir entre toi et la Corse. »

Le champagne est devenu un poison de sorcière, les flammes criaient l'enfer ! Je me souviens avoir dit : « Entre deux îles de Beauté, tu vas avoir du mal ! »

Mais c'est moi qui ai eu mal. JB a pris ses affaires. Il est parti un matin. Je me souviens être entrée dans une folie où j'ai jeté par la fenêtre toutes nos photos.

« Pourquoi je n'ai rien dit ? Pourquoi je n'ai rien fait ? Pourquoi avoir toujours accepté de me soumettre aux autres ? »

Ce jour-là j'ai compris qu'à 17 ans, j'avais été violée dans mes désirs.

J'ai écrit ma théorie sur la soumission : « Ne pas savoir dire oui, ne pas savoir dire non. »

Après le départ de JB je ne sortais plus seule, après le départ de JB, Al m'a dit : « Ce n'était pas un homme pour toi, il t'aurait empêché d'avancer. »

Al disait, le Dieu parlait et ne sachant plus que croire ni que savoir, je le croyais et j'acceptais l'inacceptable : « Le pouvoir d'un psy. »

J'avais juste envie de hurler : « Ta gueule, le psy ! » mais le chagrin me laissait dans un isolement sans précédent.

Après le départ de JB, un goût amer est remonté à la surface.

J'avais, avec l'aide de JB et celle de mon père, monté dans ma maison, un atelier de tricot. Mes affaires marchaient très bien.

Comme lors de la Coupe du monde au Brésil, où j'avais vécu un an en 1974, où j'avais été styliste dans une fabrique de pulls et dont, après la défaite brésilienne, la fabrication, due au moral des troupes, avait baissé de trente pour cent, ma fabrication ne me donnait plus les mêmes joies. Les pulls s'empilaient, j'écrivais, les flammes dansaient dans la cheminée. Le chagrin était de retour.

Comme tous les hommes que j'ai connus, JB n'a jamais réussi à me quitter vraiment. Comme tous les hommes que j'ai connus, JB est revenu, JB est reparti.

JB est encore sur mon chemin, parfois nos destins se croisent, je vois encore de l'amour dans ses yeux.

Un jour, un homme m'a confié : « On doit te quitter, c'est une question de survie pour nous. »

Popy m'a dit : « Tu es une femme dangereuse. » Et quand je lui ai demandé pourquoi :

– Tu es si heureuse avec si peu de chose que cela est bouleversant, tu exclames ta joie tout le temps alors que nous, il nous faut tant de choses ! Tes envies deviennent insupportables, tu achètes un rosier et tu en veux dix et tout est comme ça.

– Et c'est tout ?

– Oui, c'est suffisant pour te quitter.

J'étais insupportable ! J'étais à leurs yeux insupportable !

Oui j'aimais les roses, les arbres, l'odeur de la pelouse humide, le bois et son parfum de pin dans la cheminée ! Oui j'aimais créer un monde à ma portée ! Mais qu'est-ce que vous croyez, vous, les normaux ! Vous pensez que nous, les claustros, nous pouvons réserver un vol pour Tokyo ! Vous pensez que nous rêvons à la dernière Jaguar alors que nous sommes incapables de conduire notre voiture seuls ! Vous pensez que nous organisons le shopping du samedi avec une copine alors que la foule nous asphyxie !

Alors oui ! Nous regardons le ciel et on le nomme liberté. Le lever du soleil, nous y mettons les palmiers du sud, un transat dans le jardin et nous fermons les yeux, nous sommes sur une île déserte où, même vous avec tous vos avions, vous ne pouvez pas aller !

Cette putain de maladie nous coupe les jambes !

Alors nous les phobiques, nous les claustros, avec des riens on fait des tout, avec des feuilles un paradis, avec des oiseaux un voyage, avec le lever du soleil un vitrail dans une église, avec le coucher du soleil la fin d'un voyage. Et ensuite on regarde la grille du jardin et on se dit : « Demain ! Demain !

Demain ! » Et ça fait dix ans que ça dure et pas une main pour vous tirer de là !

J'ai planté trois rosiers anglais ! Dix thuyas et trois pommiers !

C'est ma rencontre avec Vincent qui a été la plus marquante, la plus riche, la plus belle, mais je ne le comprendrais que quinze ans plus tard !

Vincent était plein de culture qu'il n'étalait pas. Celui qui pouvait m'expliquer tant de choses que je ne savais pas. Un jour, Vincent m'a dit : « Tu as l'intelligence de la vie, j'ai l'intelligence des livres. »

Il était d'accord quand je lui ai dit :

– Je ne veux pas lire ce que les autres ont écrit, je veux écrire ce que je vais trouver.

– Alors tu n'as plus qu'à chercher, m'a-t-il dit en souriant, comme un colonel dirait à son soldat : « Allez, bon vent ! »

J'aimais le sourire de Vincent, sa façon d'être posé. Vincent aussi était en analyse depuis dix ans, comme moi. D'une phrase, il éclairait mes pensées. Journaliste, il travaille aujourd'hui à la Banque mondiale à Washington.

Il s'est marié, j'en ai été désolée... pour moi. Et il a eu une petite fille qui a 6 ans aujourd'hui.

J'ai revu Vincent en 2001. Je l'avais déjà revu quelques fois entre deux avions. Nous nous sommes retrouvés comme deux enfants du passé, rien n'avait changé. Et pourtant il m'a dit :

– Tu es magnifique.

– Je n'ai pas changé Vincent.

– Oh que si !

– Si ! Je porte des jupes maintenant.

– Il n'y a pas que cela !

Je ne voulus pas en savoir plus. Et lorsque je lui demandai :

– Comment vont ta femme et ta fille ?

– Comment, tu n'es pas au courant ! Je suis divorcé.

Je reverrai Vincent en 2002.

En 1987, je quitte Vincent.

Après Vincent j'ai rencontré d'autres hommes lors des soirées dans ma maison de Saint-Maurice. Je me souviens de Jean-François, architecte séduisant, dont le sourire me fascinait. « Je te téléphone », dit-il en quittant le jardin.

Quelques jours plus tard, je reçois un appel. Il séduisait mon cœur, il rigolait puis me dit :

– Tu veux qu'on aille déjeuner ensemble ?

– J'en serai ravie.

– On se retrouve à l'opéra ?

La corde irrésistible se serre sur ma gorge, le tremblement me faisait bafouiller, agoraphobe je ne pouvais pas y aller.

– Oh ! dommage, j'ai un rendez-vous à treize heures. Je suis désolée, je ne pourrais pas y être.

Mentir, cacher, tout avouer, mais surtout que personne ne sache ni ne découvre votre incapacité.

Jean-François, comme les autres, m'a rappelée. Ce n'était plus pour déjeuner mais pour dîner.

Après Jean-François, c'était Matheo qui avait des chasses en Sologne ou Édouard qui m'invitait aux Canaries pour huit jours, ou le beau Serge à l'hôtel Danielli. Et ma vie fut un défilé de rendez-vous manqués.

Puis il revenait chez moi, les uns après les autres, ceux qui ne savaient pas. La douleur de ne pas pouvoir leur dire : « Pardon, je suis malade », car je savais que, de toute façon, pour cette raison, il m'aurait quittée.

Atterrée par le silence, j'essuyais l'affront d'être à leurs yeux une « allumeuse » ou, comme il s'amusait à le dire, un mante religieuse.

Pourtant, un jour j'avais eu le courage de dire : « Gérard, je ne peux pas sortir de chez moi, j'ai très peur. Je suis une sorte de malade de la tête. » Je lui disais que j'allais m'en sortir mais cela me prendrait un peu de temps.

Il a été merveilleux !

Deux jours plus tard, il bouclait ses valises.

« Je suis désolé, Ray, j'ai perdu mes parents à 10 ans dans un accident de voiture. Je cherche une femme libre. » Gérard est descendu à Cannes et je ne l'ai plus revu.

C'est pour cette raison que je n'ai plus rien dit.

Si, j'ai osé dire à un ami qui voulait me faire une surprise :

– Tiens, c'est sympa, nous déjeunons à l'aéroport ?

– Non, j'ai fait préparer un avion, nous partons déjeuner sur une île, tu verras, ça va te plaire.

Nous avons déjeuné à l'aéroport, il a détesté, puis il s'est envolé... comme les autres.

Voilà les amours désastreuses d'une agoraphobe que j'ai glissé dans un manuscrit : « Confidence d'une très belle femme. »

A suivi la crise nympho. Je prenais un homme et je le jetais. Période terrifiante, période nécessaire.

Cette période a duré deux ans. Pendant deux ans, j'allais assez mal pour avoir besoin de sentir une personne vivante respirer à côté de moi. Je ne pouvais plus dormir seule. Il n'y avait que les bras d'un homme, leur tendresse, dans lesquels je pouvais trouver le sommeil. Si je me retrouvais seule la nuit, j'étais prise d'attaques de panique jusqu'à ce que le jour se lève. Ainsi passait le temps !

Deux ans plus tard, ma fille, 21 ans, m'annonce son mariage. Cela a été un effondrement pour moi. Je ne pouvais pas vivre sans elle. Je tentais de cacher mon immense désarroi. Sandrine a quitté la maison. Tout s'écroulait à nouveau.

C'était Sandrine qui vendait le produit de notre fabrication. Les pulls s'amassaient, je continuais de payer le personnel afin de ne pas être seule.

Mon fils ne me parlait toujours pas. Les dettes s'accumulaient, j'ai réduit le personnel.

Le temps avait paru si long et si pesant !

1988 : douze ans d'analyse.

Je ne pouvais plus dormir seule. Je ne pouvais plus me déplacer seule. Je ne pouvais plus rester seule chez moi. Ma fille partie, je ne pouvais plus vendre mes pulls, ma maison était humide, je ne pouvais plus en louer une partie pour la financer : un procès était en cours. Il durera dix ans ! Trop tard lorsque le jugement me rendra justice.

Un huissier entrait côté jardin, un autre sortait côté cour. J'ai crié « au secours » à mon père comme à chacune de mes défaites et c'est la première fois que j'ai pleuré devant lui. Il a eu ces mots lorsque je lui ai annoncé que c'était la faillite :

– Non, Ray. La preuve de ta réussite, ce sont tes machines dans ton atelier.

Mon père m'a donné une fois de plus le courage de me battre. Le personnel fut remercié, les pulls s'entassaient, ma fille préparait son mariage, mes parents se sont installés dans ma maison.

Un huissier m'a prise dans ses bras et m'a consolée :

– Donnez-moi l'adresse de votre mari, les crédits sont restés à son nom.

– J'en suis incapable.

Nous, les juifs, nous ne pouvons pas dénoncer.

– Mais il est responsable des dettes.

Je n'accepterais pas de vendre mes valeurs alors je perdrais ma maison.

Je remercie cet huissier, ses bras m'ont réconciliée avec la justice des hommes, à laquelle je ne crois pas. À juste raison d'ailleurs.

J'ai appelé le Secours catholique et leur ai offert mon atelier. Ils m'ont largement remercié et ce pendant des années où ils m'ont aidée à tendre la main à ceux qui en avaient besoin.

Mon père veillait sur moi de son regard bienveillant.

Ma maison était en vente.

Les acheteurs de la maison découvriront une cave voûtée de trente mètres carrés, fermée, responsable de l'humidité. Pourtant deux experts avaient été nommés par le tribunal ! Scandale ! Une autre page à tourner. Un autre chagrin à passer.

Mon père m'a trouvé un trois-pièces dans sa résidence du XV^e^ arrondissement :

– Tu verras, tu as vue sur le jardin. Tu es sûre de ne pas vouloir le visiter ?

– Non, papa, c'est inutile.

Mon père s'est occupé de toutes les démarches. Mon fils Greg et moi étions prêts.

Juste avant que les déménageurs arrivent, j'ai dû dire au revoir à mon jardin de roses, à mon sapin qui ne serait désormais plus là pour cacher mon chagrin. J'ai enlacé les murs de ma maison et j'ai demandé pardon : « Pardon de ne pas avoir su vous garder. » Devant la cheminée, j'ai juré : « Je quitte mes sabots, mais ne vous faites pas d'illusions, c'est pour mieux y revenir. »

Je déteste la ville, un jour, je reviendrai…

Lorsque le gros Black de déménageur est venu et m'a dit : « Mais c'est sympa ici, pourquoi vous partez ? »

Je me suis mise à sangloter, il a compris que j'y étais obligée. Il m'a prise dans ses bras et m'a consolée comme une mère l'aurait fait : « Allez, ma p'tite dame, pleurez pas, on va vous déménager. »

Le soir, j'étais installée. J'avais tout rangé dans ce trois-pièces qui se voulait luxueux. Mon père me regardait, je lui souriais, on se comprenait. Nous avons échangé dans nos regards :

– Si, j'y arriverai, papa !

– Je sais que tu réussiras, je n'ai aucun doute.

– Merci, papa.

Il y avait dans ses yeux tant d'amour !

Toi le voyageur ! Toi mon protecteur ! Que ne m'as-tu laissée apprendre à me défendre ?

Mon père et moi étions liés d'un pacte d'amour.

Lorsque j'avais 3 ans, mon père avait voulu se suicider avec moi. J'avais toujours su que mon père et moi allions mourir ensemble. Il me l'avait promis quand j'avais 3 ans. Cela avait été d'ailleurs si bien enfoui dans mon inconscient qu'aucun psy, pendant vingt ans ne l'avait trouvé.

Je me suis donc installée dans le XVe arrondissement : murs de béton, pelouse interdite, concierge odieuse et ciel barré. C'est là que j'ai écrit mon second manuscrit : « Un père passe et manque. »

Dans mon chagrin, je n'ai pas vu le chagrin de mon fils tant j'essayais de cacher le mien.

Ma tante Laurice, la sœur de ma mère, est arrivée du Liban, mon père l'a obligée à vivre avec moi. Je la détestais. Laurice était d'une beauté incroyable, brune aux yeux verts. Elle était la petite dernière et quatorze ans seulement nous séparaient. Je la détestais car elle disait que je n'étais pas libanaise. Elle était snob, comme toutes les Libanaises. Je la détestais car elle était plus jeune et plus belle que ma mère et, comme elle, elle me rejetait.

J'ai repris mon employée de maison. Mon père venait le matin, Laurice venait le soir. Je restais enfermée sans pouvoir sortir de chez moi sauf pour aller voir mon psy chez qui Laurice m'accompagnait. Nous n'avions rien à nous dire et nous nous évitions.

Mais un jour j'ai mis sur les rebords de la fenêtre des géraniums blancs. Elle en prenait soin en cachette. Je l'ai surprise plusieurs fois. Je me disais : « Tiens, elle regarde mes fleurs. » Elle y passait des heures.

Puis un jour mes géraniums blancs se sont fanés et tachés de rouille. Alors elle s'en est occupé et de grosses boules de fleurs ont jailli en grappes, blanches comme neige. « Tu les arrose trop », m'a-t-elle dit. Et c'est ainsi que j'ai été, par ma tante, acceptée.

De cet amour j'allais écrire notre histoire, notre rencontre, que j'ai appelé « Le géranium blanc ».

J'ai fini par l'aimer plus que ma mère, sa tendresse, sa douceur, elle m'a appris à être femme. J'ai abandonné mes jeans, bottes et gros pulls. J'ai enfin accepté de porter des perles de femme.

À ma tante Nicole, la sœur de mon père, dans ma petite enfance je dois mon héritage spirituel et à Laurice je dois mon image de femme.

Nous avons habité ensemble cinq ans durant. Seul mon père le comprenait et me le pardonnait. Les autres ne me le pardonneront jamais et me sépareront de ma tante Laurice en l'obligeant à partir en Israël. J'en ai pleuré pendant huit ans !

Quelques mois plus tard, j'ai fait la connaissance de Régine.

C'est là, dans cet immense jardin, que j'ai connu Régine, ma copine de 92 ans. À ma première sortie avec mon père, Régine était accompagnée d'une nurse qui la faisait marcher ; moi, c'était mon père qui me faisait marcher.

Alors nous nous retrouvions au jardin ; mon père restait avec la nurse et je me promenais avec Régine : « Tu es jeune et belle et si douce, pourquoi restes-tu avec une vieille dame comme moi ? »

Je ne savais jamais que répondre. Comment aurais-je pu dire à une femme de 92 ans que je ne savais pas marcher seule ?

Mais un jour où mon père était absent, Régine se promenait sous ma fenêtre. La nurse m'a fait un signe de la main puis elle a dû dire à Régine : « Raymonde va descendre. » J'ai commencé, comme un cheval de course, à battre des sabots : je ne pouvais pas descendre les deux étages qui me séparaient de Régine. Et je savais que Régine m'attendait. Cela était ma première sortie seule depuis... douze ans ! J'ai respiré à fond, préparé une bouteille d'eau et des cachets, comme si j'allais traverser d'un coup de poing le désert. J'ai passé la porte, la laissant ouverte derrière moi et j'ai couru de toutes mes forces. Mais pour comprendre cela, il faut l'avoir vécu !

Une fois en bas, j'ai embrassé Régine tellement fort qu'elle s'en est étouffée. Nous avons marché comme chaque après-midi.

De loin, j'ai vu mon père arriver. Je courus vers lui. Il a souri. J'ai pleuré. Il m'a consolée, je venais de faire mes premiers pas.

Le lendemain, j'ai écrit « Motif ou motivation » : « Seule la motivation de nos désirs peut nous faire sortir de nos enfermements. »

J'avais gagné cent mètres d'autonomie. Il faut l'avoir vécu pour le savoir : ouvrir sa porte et descendre deux étages ! Le bonheur était si près ! J'étais si heureuse, qu'à la nuit tombée, j'ai demandé à un ami de faire le guet : je me suis endormie sous un cyprès dans cette résidence où il était écrit : « Pelouse interdite ». Je dormais et Alcides m'a réveillée à quatre heures du matin : « Il faut y aller maintenant. » J'avais senti la pelouse, l'herbe et j'avais enfin touché la terre !

Quelque temps plus tard, Popy est arrivé à Paris. J'étais si proche de ma guérison ! Je me suis faite très belle pour le recevoir.

Il est arrivé avec un azalée sous le bras. Je lui ai sauté au cou comme à chaque fois.

Mais cette fois je savais que j'y arriverais : prendre l'avion et descendre à Cannes, rejoindre Popy.

Il s'est approché de moi, m'a serrée dans ses bras comme s'il avait vu ma guérison si proche puis il a murmuré. Une fois de plus le monde s'est écroulé ! Une fois de plus les larmes ont coulé sur mon visage et une fois de plus je n'ai plus voulu pleurer : Popy attendait un bébé.

J'ai ressenti mon corps tout entier se raidir. Popy versait ses larmes : incompréhension de l'être humain ? Mélange de joie et de chagrin ?

Popy allait vers un autre destin.

J'ai regardé cet azalée fuchsia déposé sur mon bureau, j'ai séché mes larmes et me suis remise à l'écriture : « Lorsque l'espoir s'éteint, c'est le désespoir qui revient. »

Ma tante Laurice m'a consolée de ce dernier chagrin.

Effondrée, je suis arrivée le lendemain chez Al.

Ma guérison ne trouvait plus de raison.

Et quelques séances plus tard, Al m'a dit : « Je n'arrive pas à te sortir de là, on va essayer par le toucher. »

J'ignore toujours si, à ce moment-là, il a été sincère. Mais il n'a pas évalué les conséquences de ses dires ni de ses actes. Je touchais l'interdit. Je ne sais plus comment c'est arrivé mais c'est arrivé : je me suis retrouvée dans ses bras. Il était sur le divan. Pourquoi ? Je ne sais plus. Jamais depuis mes 3 ans je n'avais eu cette sensation de bien-être. Je suis restée un long moment dans ses bras et j'y étais si bien, plus rien n'existait. Ni le bien ni le mal. Je me suis souvenu des bras de mon père dans lesquels je dormais. Le bien-être de mon protecteur. Mais lorsque j'ai relevé la tête et que j'ai vu le visage de Al... J'ai compris que j'étais perdue !

Peu de personnes peuvent comprendre pourquoi. Nos psy à cette époque étaient des sortes de dieux. Des mythes ! Je me souviens combien de fois je me suis dit : « Lui, au moins, il est heureux, il n'a pas d'angoisse, il a femme et enfants, il part en vacances en famille. » On fantasme sur son psy ! Et lorsqu'on se retrouve dans ses bras, on ne sait plus si c'est un homme ou un mythe !

Il a, je crois, accepté ce baiser dès la première fois et moi ne pouvant plus guérir pour retrouver l'homme que j'aimais, j'ai changé mes objectifs. Maintenant, le seul moyen de m'en sortir était « d'épouser ma maladie », c'est-à-dire mon psy !

Dans le cas contraire, je pressentais que seule la mort pouvait me libérer de mon erreur. Mais avais-je fait une erreur ? Ayant changé mes objectifs, je venais de me donner tout simplement « une raison de vivre ».

Ma tante m'accompagnait chez Al. Je montais dans son cabinet.

Je me souviens du jour où j'ai pu enfin savoir ce qu'il y avait derrière la porte : une autre pièce. Puis j'ai découvert la salle de bains et enfin « un café nommé désir ».

Nous buvions le café, je buvais la vie, persuadée d'avoir fait le bon choix. Je devais trouver un autre psy si je voulais continuer de voir mon psy en tant qu'homme.

Pour les curieux que cela intéresse et à tous ceux qui m'ont posé la question maintes et maintes fois, ceux qui voulaient savoir comment « on baise son psy », alors je dirai : j'ai fait l'amour avec mon psy et je me suis bien fait baisée ! En attendant, être en porte-jarretelles (ce que je déteste) sur le fauteuil de celui qui se prend pour Dieu le père, oui, il y avait quelque chose de jouissif. Mais plus encore lorsque nous faisions l'amour et que la « cliente suivante » sonnait, celle qui m'avait souvent obligée à lui laisser ma place alors que je n'avais pas fini de parler, alors oui, c'était une jouissance de retenir en mon corps le psy et de le laisser pendu, bandant comme un âne et de dire : « La séance est finie. À lundi » tandis qu'il tentait désespérément de remettre son caleçon, la carotte en avant. Ou encore, attendre la sonnerie pour qu'il éjacule afin que la cliente suivante entende les hurlements qu'un psy, comme un simple homme, est capable d'émettre.

C'est avec tristesse que je raconte cela aujourd'hui car je sais, étant psy, comment cela se nomme.

Je sais que ce passage peut faire hurler les psy. Mais n'y voyez là, messieurs, que les hurlements de vos propres fantasmes. À savoir que lorsqu'on accède à un fantasme, ce n'est plus un fantasme mais un acte. Mais celui-ci est assez surnaturel, je vous l'accorde. Mais quel psy n'a jamais pensé sauter une de ses patientes ? À vos plumes, messieurs !

Prenant conscience du danger que j'encourais, je demandais à Popy d'aller voir Al.

Al m'a dit : « Il ne viendra pas. » Popy a annulé trois rendez-vous. Alors j'ai dit à Popy : « J'ai moi aussi quelque chose à te dire. Je vais épouser Al. » Quel n'a pas été mon étonnement lorsqu'il m'a rétorqué : « Alors il t'a volée à moi ! »

C'est là que Popy m'a avoué que Al lui avait demandé en 1982 de partir loin de moi. Popy, énervé, a quitté ma maison en claquant la porte. Popy n'a rien fait. Popy n'a rien dit.

La situation s'est dégradée au fil des semaines. Al ne voulait pas que j'aille voir un autre psy. Assumer son erreur lui semblait insurmontable. Mais il mettait ma vie en danger. Cela, je le savais. J'ai accepté alors qu'il choisisse lui-même le psy et qu'il prenne rendez-vous pour moi. Mais je lui ai demandé d'y aller, seul : « Quand on prend rendez-vous pour une autre personne, c'est qu'on ne veut pas y aller soi-même. C'est bien cela que tu m'as enseigné. Alors c'est toi qui iras chez le psy ! »

Oui, il y est allé, se sentant probablement perdu dans le péché de son repentir et comme le serpent, rampant dans sa culpabilité.

J'ai appelé le psy : « Je vous ai envoyé mon psy, comment va-t-il ? » Il a hurlé : « Vous ne comprenez pas qu'il a voulu vous garder ! » À ces hurlements, j'ai répondu : « Excusez-moi, je pensais parler à un psy. »

Al allait de plus en plus mal, quant à moi, je perdais pied. Je n'avais plus de psy. Je parlais au psy, c'était l'homme qui répondait. Je donnais rendez-vous à l'homme, c'était le psy qui arrivait. La folie me gagnait.

Al m'a annoncé gentiment et calmement au mois d'août qu'il partait pour un mois en vacances avec ses enfants sans sa femme puisqu'il était en plein divorce. J'ai hurlé, j'ai tapé, j'ai crié ! « Si, je pars un mois », m'a-t-il affirmé.

En pleine folie, j'ai jeté mon sac au sol. La baie vitrée était grande ouverte. J'ai couru pour me jeter par la fenêtre, tant la douleur était insupportable et tant je voulais lui prouver que je serais plus forte que lui et tant je voulais le tuer. Je me suis précipitée pour me tuer. Un « ange » m'a arrêtée, c'était comme si j'étais soudain sur un nuage, légère telle une plume. Je suis revenue m'asseoir calmement. J'avais vu les photos de mes enfants défiler dans ma tête.

J'ai pris mon sac, ramassé mes affaires et je suis partie lentement sans mot-dire.

Quelque temps plus tard, Al m'a appelée, sous la peur, sans doute. Et nous sommes partis en vacances ensemble.

Avec la complicité de ma tante, nous avons pris l'avion, Laurice et moi et nous avons rejoint Al. C'est durant ces vacances que j'ai écrit : « Mourir par défenestration. » Je voyais très peu Al mais au moins je claquais une fortune pour ne pas être abandonnée. Lorsque j'ai vu Al sur la plage en maillot bidonnant, je me suis demandé ce que je foutais avec un mec pareil !

De retour à Paris, j'ai recommencé à chercher un psy, il s'y est opposé.

Al a dû rendre son cabinet. Je lui en ai trouvé un autre dans le Ve arrondissement. Al ne savait pas faire les travaux. Je les ai faits, tout ceci avec la complicité de ma tante puis celle de ma fille mariée qui venait d'avoir Jordan et me rendait, en quelques mois, mère-grand !

J'ai fait la peinture, la déco et j'ai offert ce nouveau cabinet à mon psy, mon homme, je ne sais plus !

Jusqu'au jour où le pire est arrivé. – Al m'avait conseillé une psy pour ma fille Sandrine. Madame X – Je suis arrivée dans le nouveau cabinet de Al et là, j'ai compris, je ne sais plus comment, qu'il couchait avec la psy de ma fille ! Oui, j'ai perdu la tête ! Une histoire à devenir complètement folle ! Je vous rassure, je suis devenue folle. Je ne savais plus qui était qui. La folie me gagnait, je hurlais, je menaçais ! Je voyais ma folie s'installer. Ses mensonges, sa perversion et sa peur que le secret soit dévoilé donnaient un goût de vomi à l'histoire dont je n'arrivais plus à me défaire. Al connaissait mon inconscient parfaitement bien, il programmait tous mes faits et gestes. J'étais devenue « sa chose ». C'est alors que j'ai décidé de le quitter, c'est alors qu'il a décidé de me faire interner. Sa fille m'a jeté au visage : « Tu es l'erreur de mon père. » Ses fils m'ont tourné le dos. Mes enfants ne me parlaient plus que très peu, ma tante Laurice n'osait rien dire. J'avais, depuis peu, déménagé dans le XVe pour un rez-de-jardin.

Ma tante partait quelques jours, sans savoir que je ne la reverrais plus. Je suis restée seule avec mon fils. Al continuait de vouloir me faire interner. J'ai déposé un dossier complet au coffre : « À ouvrir en cas de mort » : j'avais réuni toutes les preuves, les photos, les écrits, j'avais fait photocopier des feuilles de salaire de l'hôpital où il travaillait, carte de médecin, carte d'identité et les cassettes de nos conversations que j'avais enregistrées.

Le terrain était miné : il présumait chacun de mes actes, j'étais comme un loup de mer pris à son propre piège. J'ai appelé quelques psy pour me sortir de là, voici leurs réponses :

– Refaites une analyse. Non, pas avec moi.

– Si vous avez su séduire votre psy, vous saurez vous en sortir seule.

– S'il y a transgression, il n'y a pas analyse.

– Vous m'avez ouvert les yeux là où je ne voulais pas voir, je vous rappelle. *Pas d'appel.*

– Si vous parlez, les mères ne nous confieront plus leurs filles !

– Vous pensez avoir couché avec votre psy, ce n'était qu'un fantasme !

J'ai fini par appeler un ami psychiatre, il a pris peur et m'a raccroché au nez.

Un autre ami psychiatre a accepté, puisque personne ne voulait me recevoir.

En 1992, j'ai fait part à mon père de ce qui se passait. Ce qu'il ignorait jusqu'à ce jour.

Habituellement on va en analyse, disait Freud, « pour tuer son père ». J'ai demandé à mon père de tuer mon psy !

Mon père est revenu de ce rendez-vous en disant simplement : « Ce monsieur est un lâche. »

Mon père a voulu lui faire un procès. J'ai refusé. Mon père n'a pas vu que je devais défendre ma vie.

Mon père m'a accompagnée chez ce nouveau psychiatre. Mais quelques jours plus tard, je n'en pouvais plus de parler de moi, de moi et de moi.

Alors j'ai décidé de mettre fin à mes jours.

Je ne me souviens plus si c'était le jour ou bien la nuit. Je me souviens que je voulais en finir. Je n'étais pas suicidaire, il fallait donc que j'organise ma fin de contrat avec la vie. Refaire dix ans d'analyse me paraissait insurmontable.

J'ai donc avalé trois cachets, puis préparé trois autres cachets, ensuite, dans un demi-sommeil, il me suffirait d'ingurgiter le reste. Je me souviens qu'après la prise des cachets, j'étais bien. Je trouvais que le monde redevenait silence. Une sorte de paix paradisiaque surplombait la pièce. Je me sentais libre et légère. J'ai revu ma vie, les images de mon bonheur et je me suis dit : « Si, j'ai été très heureuse. » Cela était si étrange, je ne voyais plus que les bons moments.

J'ai repris un autre comprimé et je planais. Je commençais à m'endormir lorsque m'est apparue la chose la plus sordide à laquelle je n'avais pas pensé. Al ne serait pas puni de cette mort mais Dill, mon psy, en supporterait toutes les conséquences. C'est alors que j'ai voulu faire un bond pour me relever mais mes jambes étaient lourdes et ma respiration lente. J'ai attrapé de toutes mes forces la bouteille d'eau et j'ai bu sans m'arrêter afin d'éliminer l'effet des cachets. J'entendais les paroles des psy résonner dans ma tête et cogner comme des boulets de canon : « C'est celle qui a couché avec son psy ! », « Coupable, vous êtes coupable ! » Cela devenait un cauchemar, alors j'ai hurlé : « Vos gueules, les psy ! » Mais les paroles défilaient : « Ton mari ne t'aime pas, il veut t'enfermer ! », « JB n'est pas à la hauteur ! » J'ai encore hurlé : « Vos gueules, les psy ! » Puis je me suis traînée jusqu'à la salle de bains, j'ai ouvert la douche froide et je ne me souviens plus de rien.

Le lendemain, le surlendemain, je ne sais plus, j'étais dans ma chambre, trempée, j'ai ouvert les yeux, le monde était calme. Me souvenant de ce qui s'était passé, ma première pensée fut : « Tu es sauvée. » J'ai sauté sous la douche, enfilé un jeans et suis retournée au combat. J'ai pris ma voiture seule et j'ai continué mes séances chez Dill.

J'ai recommencé une autre analyse qui a duré trois ans, trois fois par semaine. J'ai alors écrit un manuscrit : « Transgression ». J'écrivais sur le pouvoir scandaleux des psy, j'écrivais sur leurs vacances, leurs absences, la non-possibilité de les appeler en cas de danger. « Nous devons nous reposer », disait Al.

J'ai alors écrit sur mon anorexie qui recommençait. Impossible d'avaler une bouchée. J'ai rechuté de dix kilos en un mois.

Je suis allée chez Dill qui m'a tout de suite fait comprendre que puisque je le consultais comme psy, je perdais l'ami. Cela me semblait cher payer l'erreur de son confrère. Le psychiatre Dill a mis fin à l'analyse au bout de trois ans : j'ai pleuré, j'ai été en sanglots, je l'ai supplié de continuer mon analyse puisque je ne pouvais pas faire plus de deux kilomètres circulaires toute seule. Il m'a répondu : « Ce pourquoi tu es venue est terminé. »

Certes, je ne parlais plus de Al et je ne voulais plus en entendre parler.

À l'époque où j'étais en analyse avec Dill, je n'avais plus d'argent, j'avais épuisé mon capital de la vente de ma maison que j'avais gardé pour ma guérison. J'avais donc remis en route les machines à coudre et lancé une collection qui a très bien marché jusqu'à la guerre du Golfe. Cette collection s'était très bien vendue grâce à un représentant mais, en 1990, plus une vente. C'est à cette époque que j'ai eu, grâce à un ami, une place sur les marchés parisiens, car j'avais un stock à épuiser.

Je me souviens de mon premier jour. J'avais emballé mes nappes dans des caisses en plastique et mon père m'avait offert les tables de marché et le parasol. J'en étais si fière !

Je suis arrivée sur le marché et j'ai demandé à un vendeur de légumes si la place à côté de lui était libre. Il m'a dit oui et je me suis installée. Est arrivé un jeune homme, furibond :

– Donnez-moi votre carte. Hazan ! Ce n'est pas ta place, prends tes affaires et fais la queue comme tout le monde !

Il a continué :

– Tu ne crois pas que tu vas faire ta loi !

En sanglots, je suis rentrée chez moi.

Mon fils et ma fille m'ont aidée à ranger tout mon matériel dans notre cave, qui se trouvait au même niveau que le garage de cet immeuble luxueux. Mes voisins de garage étaient, à droite, un pilote d'Alitalia et, à gauche, un chirurgien.

Je me souviens d'un matin à sept heures, où je les ai croisés, parasol sur le toit de ma voiture. J'étais si honteuse mais ils me regardaient :

– Vous partez en week-end ?

– Oui, je pars en week-end !

Je suis retournée sur le trottoir. Ce putain de trottoir qui portait mon histoire. « Hazan dernière, vous finirez sur le trottoir ! »

À 17 ans, lorsque ce médecin m'annonce : « Vous êtes enceinte de deux mois et demi », je sortais de la pièce, je me souviens de très peu de chose, l'escalier tournait, basculait. La nuit, la pluie, j'ai marché seule pendant des heures, je ne sais plus s'il pleuvait ou si mes larmes ruisselaient, je ne sais plus s'il faisait jour, je ne me souviens de rien...

J'ai frappé à la porte de ma tante Nicole. Je revois son sourire quand elle dit : « Un bébé ! C'est ton père qui va être heureux ! » Elle ne parlait pas de ma mère.

Quelques semaines plus tard, mon père est venu me dire chez Nicole :

– Quoi que tu fasses, tu es ma fille.

– Et maman ?

– Je te promets, ta mère ne dira rien.

Un mois plus tard je rentrais à la maison, mon fœtus bien caché dans le secret de mes entrailles.

Nous sommes à table, mes sœurs ne me regardent pas, mon père a la situation bien en main... De ce soir-là, il ne me reste que la vision d'un tribunal. Personne ne parle, et personne ne me parle.

Soudain ma mère se lève et hurle !...

Je suis effondrée, mon père n'arrive pas à la faire taire. La violence de ses paroles raisonne encore dans ma tête. Les années suivantes, ce cauchemar ne me quitte pas : vous êtes coupable, condamnée à vingt ans d'emprisonnement. Et chaque nuit je me réveillais en sursaut, dans le noir, étouffée par un jugement que je n'avais pas mérité !

Le responsable du marché m'a enfin donné une place. Je posais mes caisses près du caniveau et, lorsque je me suis vue sur le trottoir, je me suis cachée pour pleurer.

Une cliente est venue me voir :

– C'est joli ce que vous faites.

– Excusez-moi, je suis enrhumée.

– Avec le temps qu'il fait, ce n'est pas étonnant.

Nous avons discuté longuement de tout et de rien puis elle m'a acheté deux nappes. Ce jour-là, j'ai vendu dix nappes !

Je suis rentrée chez moi, j'étais si heureuse ! J'avais rencontré des gens tellement gentils !

Lorsque Greg est arrivé, je lui ai montré l'argent que j'avais gagné :

– Tu vois, m'a-t-il dit.

J'ai fini par m'organiser. Je fabriquais l'après-midi après la sieste et à six heures, j'allais au marché.

Lorsque les beaux jours arrivaient, je mettais sur le marché une table de jardin, mon thermos de café et mes feuilles. Et c'est là, sur mon putain de trottoir, que j'ai écrit *Question d'analyse*, puis *Miroir de femme* et *Mariage en blanc pour divorce en noir*, puis *Un enfant nommé désir* et enfin *Bonjour docteur.*

En 1994, j'ai signé un contrat d'édition.

Autonomie deux kilomètres et cinq manuscrits publiés.

J'ai quitté à regret les marchés parisiens où j'avais vendu ma fabrication durant deux ans et demi en travaillant chaque week-end. J'ai dit au revoir à mes amis, à mes clients. Sur le marché, j'avais connu l'amitié, la solidarité et je crois que c'est avec mes clients que je suis devenue psy.

Je remercie les placiers, avec lesquels j'ai fini par me lier d'amitié, je remercie Tony, Valérie, Dominique et les autres. Mes copains du marché !

J'ai arrêté les marchés en 1994. Mes amis du marché m'ont abandonnée lorsque je suis devenue écrivain. Je ne l'ai pas accepté. Pour moi, il n'y avait rien de changé mais ils ne me regardaient plus comme avant. J'en étais désolée.

C'est à cette époque que j'ai sorti d'affaire la fille de ma meilleure amie, Aurore. Aurore avait 15 ans et elle ne pouvait pas sortir seule. Sa mère en était exaspérée. J'ai alors étudié le cas d'Aurore et j'ai fait pour elle ce que j'aurais aimé qu'un psy fasse pour moi. Je marchais avec elle et je lui demandais à chaque fois ce qu'elle ressentait. Aurore a fini par apprendre à dire les choses. Aurore a fini par me faire confiance et, un jour, deux mois plus tard, Aurore a pris le métro toute seule pour venir me voir : « Regarde, j'avais ta photo que j'ai trouvée dans les affaires de ma mère, je t'ai regardée pendant tout le voyage et tu vois, je suis là. »

J'étais si heureuse ! Quelques semaines plus tard, Aurore est partie en Corse seule et en avion !

Je venais de remporter ma première victoire sur l'agoraphobie !

C'est alors que je me suis penchée sur ce que j'ai compris plus tard : « La symbiose », pourquoi Aurore avait-elle besoin de ma photo pour se déplacer ?

Ensuite, j'ai travaillé sur l'agoraphobie, peur de la foule : erreur fondamentale.

Comment une personne qui ne peut pas marcher seule pourrait ne pas avoir peur de la foule ? Le mot agoraphobie n'était réservé qu'aux personnes qui avaient peur de la foule ! « Cette maladie » verra enfin le jour bien des années plus tard sous le nom de « syndrome d'Alice au pays des merveilles » ou « syndrome de saint Thomas ». Je bouclerai le dossier en l'an 2000 !

En 1996, je suis retournée m'installer avec mon fils et un ami, en bordure de la forêt, à Meudon.

Popy avait accepté de me verser une pension importante depuis 1992, l'époque que j'avais appelé « mon crash ».

Greg est revenu de Miami où il avait rejoint le groupe familial. Son père avait choisi « l'argent », j'étais heureuse de voir mon fils revenir vers d'autres valeurs.

Greg a continué son école de commerce. Ma fille a divorcé. Ma fille se reconstruisait. Ma fille a rencontré un homme. Ma fille était à nouveau heureuse.

Je me souviens de mon arrivée à Meudon : un autre rez-de-jardin. Je me suis couchée sur l'herbe et j'ai dormi quarante-huit heures. J'étais de retour dans ma campagne. Je respirais enfin ! C'est à cette époque que la poésie a rebattu son plein.

Dans ce jardin, j'ai écrit deux manuscrits : « Sang de rose » et « Parfum d'absence », dans lequel je finis par : « L'homme que j'aimais, par la grille s'en est allé. »

« Sang de rose », c'est l'histoire d'une jeune femme qui se retrouve seule et désemparée. La seule amie qu'elle va trouver pour l'écouter est un bouton de rose. Avec cette rose elle va comprendre que même une rose a des épines pour se défendre. Mais la rose va finir par se faner. Cette jeune femme aura appris tant de choses avec une simple rose qu'elle dira : « J'ai glissé les pétales de ma rose entre les lignes de ma mémoire, je peux enfin partir puisque de toi j'ai tout emporté. »

« Parfum d'absence », c'est l'histoire de deux femmes, l'une s'appelle Rachel, l'autre est l'auteur. L'auteur raconte sa dualité avec Rachel et l'auteur raconte comment elle a tué Rachel. À la fin du roman, on comprend qu'il n'y a jamais eu deux femmes mais une seule. Et que, durant tout son combat, il n'est resté de l'homme qu'elle aimait... qu'un parfum d'absence.

Mes poésies et roman terminés, personne ne voulant les éditer, comme d'habitude, sont restés rangés dans ce que j'appelais « ma bibliothèque personnelle » ainsi que tous mes travaux de recherche. Je commençais à avoir une bibliothèque bien remplie de livres dont j'étais le seul auteur, une revanche sur ma prof de français de cinquième.

En 1995, j'ai rencontré un homme qui voulait, m'a-t-il dit, faire une analyse avec moi.

Je l'ai rencontré au cours d'une sorte de cocktail. Il m'a dit : « Tu sais, j'ai lu tes livres et je cherche un psy. »

La première question qui m'est venue : « Pourquoi moi ? »

J'ai accepté de le revoir. J'ai aménagé mon bureau en conséquence. Monsieur V. est venu durant trois mois. J'ai écouté son histoire. J'avais accepté de le recevoir parce qu'il y avait tant d'années que je travaillais sur mes écrits et en bénévolat avec mes amis que je m'étais dit : « Pourquoi pas ? »

Le médecin Dill n'avait pas apprécié ma légèreté. En moi-même, je m'étais dit : « Au vu de ce que j'ai comme résultats, cela ne peut pas être pire pour Monsieur V. ! »

Ce monsieur V. m'avait propulsée psychanalyste en exercice alors que je l'étais de fait, comme je l'avais dit à mon éditeur.

J'ai reçu monsieur V. dans mon bureau et là, j'ai pris conscience que je ne voulais pas être psy : s'asseoir pendant des heures à écouter des choses horribles. Je crois que mon premier patient a été classé parmi ceux que j'appelle « dossier lourd ». Quelques mois plus tard, j'ai décidé d'abandonner mon poste et d'annoncer à mon patient que je le dirigeais vers un confrère.

V. arriva et je lui disait : « Je t'invite au restaurant. » Quel ne fut son étonnement !

Je sentais, dans son regard, un jeu de séduction et je me suis dit en moi-même : « Tu ne vas pas être déçu du voyage ! »

Nous nous sommes attablés à la terrasse d'un grand restaurant, V. a commandé du vin, moi je voulais garder mes idées bien en place. J'ai répété le scénario dans ma tête des dizaines de fois. V. était si heureux de déjeuner avec sa psy ! C'était pour le moins inattendu. Cela le réjouissait. Il était très à l'aise. Cela m'étonnait, moi qui tremblais devant mes psy.

Je dois dire que nous avons passé un moment très agréable. Soudain, je me suis dit : « C'est vrai, un bureau de psy, c'est enfermé et étriqué. »

V. s'est mis à raconter des choses qu'il n'avait jamais dites auparavant. L'inconvénient était que je ne voulais pas de ce pouvoir de psy, je ne pouvais pas me positionner en femme non plus. Je restais dans la neutralité. J'ai pensé soudain que si mes séances avaient eu lieu autour d'un bon repas, moi, je n'aurais pas pu avaler une bouchée. Mais lui se goinfrait de bonheur et de béatitude. Je commençais à comprendre qu'il se passait quelque chose, sans en tenir le sens.

V. a commandé le dessert.

« Non, un café pour moi, merci. » Lorsque le serveur a apporté trois desserts. J'ai regardé alors les trois desserts : une île flottante toute blanche, un fruit rouge bien sanguinolent et un gâteau au chocolat sauce amer, bien cacateux. C'est alors que m'est venue une idée : et si tout n'était que symbole ? Et si l'inconscient refusait le transfert de Freud ? Et si l'inconscient préférait nous envoyer ses messages par symboles visuels ?

C'est alors que j'ai dit au serveur : « L'addition, s'il vous plaît. »

« Tu es mon invitée », m'a-t-il dit sans savoir qu'il venait de me faire découvrir ce que j'allais écrire et nommer « Les grands schémas de la psychanalyse » qui serait suivi de « L'analyse intensive ».

« Viens, on retourne à mon bureau ! »

Impressionnant ! Rien ne le dérangeait. Je me souviens que le moindre bout de papier froissé en séance me perturbait. La séance à mon bureau a duré plus de deux heures : « Tu peux me dire pourquoi tu as pris trois desserts ? »

C'est ainsi que j'ai découvert l'analyse intensive :

– Nous ne partons plus d'une idée vers un symbole, mais d'un symbole vers une idée.

– Nous ne travaillons plus sur le transfert, qui donne trop de pouvoir au psy et peu au patient, mais sur la symbiose.

– Nous ne restons plus quarante-cinq minutes par

séance mais jusqu'à l'épuisement des associations d'idées.

– Nous ne partons plus en vacances, nous sommes présents.

– Nous laissons nos patients se retrouver face à la nature : jardin, bois, verdure.

– Nous ne disons plus : « On en reste ici » mais attendons que le patient décide d'en rester là.

– Nous ne restons plus dans le silence mais apportons des explications, acceptées ou rejetées.

J'ai revisionné soudain toutes les erreurs de mes deux psy. C'est de leurs erreurs que sont nées mes aptitudes.

Ce jour-là, j'ai décidé d'être psychanalyste. Ce jour-là, j'ai décidé d'en finir avec leurs ignorances !

Voilà comment je suis devenue psychanalyste... Sans être pour autant guérie !

V. est venu, à raison de trois fois par semaine. Nous avons fait un travail magnifique mais, je l'avoue, il a été, au vu de son cas, le patient que j'ai gardé le plus longtemps.

Grâce à lui, j'ai vu les limites des psy, un jour de printemps où je lui ai proposé de faire la séance au bois de Meudon.

J'avais fait l'erreur de ne pas prendre de voiture. Je suis montée dans la sienne, la séance a été bien orchestrée. C'est la suite que je n'avais pas prévue. On redescendait du bois, la vue était magnifique. V. a arrêté sa voiture, prétextant vouloir fumer une cigarette, ce que j'ai accepté. J'admirais cette vue magnifique que je connaissais bien. Je pensais que V. avait besoin de décompresser après la séance, lorsque j'ai entendu : « J'ai envie de toi. »

Aïe ! Alors le transfert n'était pas totalement inexistant ! Pour avoir couché avec mon psy, je connaissais parfaitement bien les limites. Je n'avais plus qu'une solution : revenir à ma transgression et faire le chemin que Al aurait dû faire. Je ne bougeais pas d'un cil. Il a continué. J'ai senti la violence monter en lui, schéma classique pour un psy. Je me disais : « Ne bouge pas, ou toutes tes théories sont à mettre au panier. » Je retenais jusqu'à ma respiration. Rien de vivant en tant que tel ne devait transpercer. Il a insisté. Je le regardais droit dans les yeux : « Vas-y mais ce sera un viol. » Je ne bougeais pas, statufiée. Soudain, il a mis la main sur son front et a secoué sa tête en arrière. Il a ouvert la fenêtre pour respirer...

Je venais de gagner !

Je l'ai laissé reprendre ses esprits quelques instants, après la violence qu'il venait de faire éclater en lui puis j'ai dit : « On peut y aller, maintenant ? » Il avait retrouvé le calme qu'il était venu chercher chez la psychanalyste que j'étais. Et il a dit :

– Pardon.

– Pardon de quoi ? D'avoir été violé dans ton enfance ? ai-je rétorqué.

Je savais qu'il sangloterait, je lui ai tendu un mouchoir.

En rentrant chez moi, je me suis demandé combien de séances d'analyses traditionnelles auraient traité ce cas de violence ? La question n'avait elle-même pas de réponse.

En 1996, j'ai organisé douze conférences, sur des sujets qui me passionnaient : « La femme et ses conflits », « L'homme et le mythe ».

C'est au cours d'un de ces séminaires qu'un psy m'a dit : « Tu n'as pas fini ton analyse, je peux te recevoir. » Exact !

Et me voilà partie pour « une saison chez Lacan », le père de nos cauchemars !

Mile est Lacanien.

– Lacanien, ça n'existe pas, m'a-t-il dit.

Il a voulu me faire lire *Télévision* de Lacan et les dix séminaires de Lacan. Je lui ai dit :

– Non, j'ai les douze séminaires d'Hazan.

– Tu refuses de travailler.

– Non. De lire Lacan.

– Alors tu n'es pas psy.

– Si tu veux, mais je suis quoi ?

Pas de réponse.

Je lui ai envoyé la femme d'un de mes patients qui, deux jours plus tard, a fait une tentative de suicide, il m'accuse !

– Tu ne sais pas gérer tes patients, ma patiente a failli mourir !

Je suis ressortie terrorisée, je pensais que j'avais fait du mal, que j'étais dangereuse, tout s'est mélangé dans ma tête, je ne voulais plus être psy si cela pouvait tuer ! Puis j'ai raconté l'histoire à un ami :

– Mais c'est son patient qui a fait une tentative de suicide, pas le tien !

J'ai pris le téléphone et me suis expliquée avec Mile. Il m'a rappelée, s'est excusé et m'a demandé de retourner en séance. Bêtement, j'y suis retournée.

J'ai fait lire *Télévision* de Lacan à ma sœur, Jackie, qui me l'a traduit. J'ai retenu trois choses :

– Lacan est incompréhensible si on n'a pas ingurgité Monsieur Robert et Madame Larousse.

– Lacan n'écrit pas pour les idiots ! L'intelligence se trouve-t-elle dans la complexité du mot ? Ou dans la simplicité du discours ?

– La culture vient combler un vide.

Et je l'ai déposé chez Mile en lui disant : « Tu vois tous ces livres qui t'entourent, tu ne sais vivre qu'en trouvant les dires des autres, qu'a dit Freud, qu'a dit Lacan ! »

Puis il m'a dit, calmement, alors que j'étais en colère :

– Tu ne peux être psy que si tu as lu Freud et Lacan !

– Écoute, il y a eu Freud, Lacan et... Hazan !

– Tu es complètement folle ou tu es un génie !

– C'est pareil pour moi, je considère cela comme injurieux !

Après trois ans, j'ai quitté ce troisième psy. Je me demandais bien où je pourrais trouver un autre psy. J'ai tenté de téléphoner :

– Je vous reçois dans trois mois.

– Rappelez-moi la semaine prochaine.

– Réfléchissez, je vais réfléchir de mon côté.

Bravo l'urgence !

Popy a annoncé la naissance de sa deuxième fille ! Je cherchais mon quatrième psy ! J'ai rencontré Giuseppe, un Italien, élève de Lacan en direct ! La dernière séance s'est terminée comme chez Mile lorsque je lui démontrais une théorie sur des sujets graves :

– Je crois que tu es un génie mais je n'en suis pas sûr, de toute façon, tu es trop rapide pour moi.

Nous en sommes restés là. C'est le quatrième à qui j'avais confié l'intimité de ma vie et il me semblait que celle-ci appartenait plus aux psy qu'à moi-même !

J'ai fini par leur demander de lire « La poupée qui marchait seule », on gagnerait du temps !

J'ai rencontré un autre psy, je l'aimais bien mais je ne le voyais que les week-ends car il exerçait en province. Cinquième psy.

Je cherchais le sixième puisque je n'étais pas guérie. Mes enfants grandissaient et mon entourage en avait assez de m'entendre dire, qu'un jour, je m'en sortirais.

Malencontreusement, un de mes patients avait appris par ma charmante sœur, qu'il connaissait, que je ne pouvais pas me déplacer seule : « Tu n'as pas fait ça, Jackie ? » J'étais catastrophée. Comment pourrais-je le regarder en face ?

Il est venu comme si de rien n'était et, à la fin de la séance, il me proposa de m'aider : « C'est comme vous voudrez. »

Je me souviens, après son départ, avoir pleuré comme une petite fille. Mais c'est là que j'ai compris que nous ne pouvons pas emmener nos patients au-delà de nos propres limites, *dixit* Freud. Mais nous pouvons soigner nos patients dans notre partie soignée : « Nous pouvons entrer dans leur inconscient, je ne peux pas entrer dans le mien. »

En 1998, j'ai rencontré mon sixième psy, par les pages jaunes. Il travaillait près de Meudon. Élève de Dolto. Nous avons fait du bon boulot :

– Je vous reçois en tant que patiente, pas en tant que psy, ici vous n'êtes pas psychanalyste, vous n'en parlerez pas.

– D'accord, tout ce que vous voudrez mais sortez-moi de là ! ce qu'il a fait en partie.

Deux ans plus tard, mon père est hospitalisé.

– Raymonde, va faire le deuil du père, m'a-t-il dit d'un regard lointain et triste.

« Oui, papa, je te le promets, je continuerai sans toi. » Nos regards se sont compris et, pour la première fois, mon père ne m'a plus jamais regardée. Le soleil s'est éteint.

Le 10 mai 2000, celui qui m'avait promis à mes 3 ans qu'on partirait ensemble est parti seul.

Un mois plus tard, je terminais mon manuscrit : « L'ultime chagrin » où je dénonce le pouvoir et la pratique des hommes en blanc.

J'avais perdu mon allié, mon complice et mon pote. Je gardais tout ce qu'il m'avait appris : mes valeurs, mes idées, mon humanisme et notre générosité.

En juillet 2000, aux vues de mon dossier de presse, *Psychologies* me téléphone :

– Acceptez-vous de témoigner sur la transgression ?

Au nom de mon père qui voulait ce procès, j'ai accepté. Au nom de mon père, je n'ai pas dénoncé.

*Psychologies* a organisé un rendez-vous téléphonique. L'interview s'est déroulée uniquement par téléphone.

J'ai parlé de cette histoire dix ans après mais durant l'interview j'essayais de diriger mes idées, pour le moins confuses.

Après l'interview de plus d'une heure, je me suis allongée près de mon rosier. J'ai regardé le ciel et j'ai compris que cet article ferait pour moi office de tribunal. Coupable ? Non coupable ? Il me fallait attendre la sortie de l'article pour le savoir. C'était comme si j'avais soutenu ma propre plaidoirie. J'attendais le verdict qui ne tombera que deux mois plus tard.

Face à mon psy, je lui expliquais pourquoi j'avais accepté de témoigner. Et, une fois de plus, j'ai eu envie de hurler : « Vos gueules, les psy ! »

Pour qui se prenaient-ils ?

– Vous ne pouvez pas faire cela ! En tant que psychanalyste, vous allez briser votre carrière !

– Tiens, c'est curieux ! Vous m'aviez dit que je n'étais pas psychanalyste ! C'est à moi que vous parlez ?

J'étais révoltée, agacée. De quel droit un psy m'interdisait-il encore ?

Je ne suis plus retournée le voir. Il m'a appelée. La déontologie exige que nous ne rappelions pas un patient pour le « rattraper ». Celui-ci tentait de se racheter. Ce jour-là, j'ai enfin dit ce que je pensais, j'en ai enfin fini avec ma peur des psy. J'ai témoigné pour obtenir le pardon de ce qui n'était pas mon péché. À nouveau je n'avais plus de psy.

Seule dans mon jardin, j'ai décidé de prendre les choses en main. Que pouvait-il m'arriver de plus ? Mon autonomie était de deux kilomètres, mes motivations en stand-by et mes travaux de recherche en cours. Je décidais de vivre librement dans mon cercle de deux kilomètres.

Meudon, le centre-ville, le bois, le chalet près du lac, la mare aux canards où le patron faisait griller dans une énorme cheminée les poulets. Lui et sa femme me recevaient si gentiment que cela me suffisait. La librairie du coin, le boulanger... Après tout, ce village était le mien, qu'avais-je besoin de plus ? Le Forest Hill et la piscine, les bains de soleil...

Je décidais de continuer mon chemin et, dorénavant, de me passer des psy, qu'ils fussent lacaniens, freudiens ou autres.

Ma vie allait alors prendre un nouveau tournant.

À la mort de mon père, une de mes amies, Fred, m'avait dit :

– Tu verras, tu vas voir des choses que tu ne voyais pas avant.

C'est le moins qu'on puisse dire !

J'avais été très complice avec mon père, cela dérangeait mes sœurs. Mais ce n'est qu'après le 10 mai 2000 que j'en ai souffert le plus.

Je ne voudrais pas écrire cela. J'aurais aimé encore le cacher et me le cacher. Mais on ne va pas chialer sur le divan des psy impunément, sans motif apparent !

C'est après la mort de mon père que j'écrivais dans mon jardin, sous les roses jaunes que Laurice et mon père aimaient tant :

« Encerclement familial » : je pense que de tout ce que j'ai cherché et trouvé au cours de ces longues années c'est le chapitre le plus douloureux, celui qui mène vers une mort sûre.

Un ami m'avait dit : « Dans les couvées d'oiseaux, fais attention car la mère peut tuer un de ses petits. » J'avais été interpellée : comment une mère pouvait-elle tuer et, de plus, un de ses petits ?

Je me souviens de la scène d'un film à grand spectacle où deux mères affirment qu'un même bébé leur appartient : Salomon les fait venir et dit : « Puisque vous prétendez toutes les deux être la mère de cet enfant nous allons voir qui est vraiment sa mère. » Salomon ordonne alors de trancher d'un coup de sabre le bébé en deux. C'est alors qu'une des deux femmes se met à hurler : « Arrêtez ! » Salomon lève un doigt et dit : « Donnez cet enfant à cette femme qui crie, c'est elle la mère. »

Certaines femmes peuvent être plus femme que mère ou plus mère que femme. Cette théorie je la connaissais. Freud disait aussi : « Puisque l'être humain n'a pas besoin de tuer pour manger, il bouffe l'autre pour le tuer. » Je connaissais aussi : « Bouffé d'amour », ces mères qui embrassent leurs petits en grinçant des dents. « Je te mangerai ».

J'avais aussi la théorie du sacrifice : « On tue le mouton. »

Je me souviens avoir été invitée à la montagne, lorsque je passais mes vacances à Beyrouth, au Liban, vers 1963. Pays de rêves, de beauté et de parfum. Mais, ce jour-là, sous le soleil, la joie et les rires, j'allais être violemment choquée de nos propres traditions. L'ambiance était douce et paisible. Les enfants jouaient avec le mouton, c'était la fête, comme chaque jour à Beyrouth. J'avais caressé le mouton avec les enfants et ensuite je ne sais plus. Nous avons mangé de la viande pour le déjeuner mais, après, lorsque du haut de la colline j'ai demandé :

– Mais où est le mouton ?

– Dans ton assiette !

Violence, viol, empoisonnement intérieur entraient dans mes entrailles comme si, pour m'en défaire, le seul moyen était de m'arracher les tripes ! J'étais accablée. Les autres riaient et s'amusaient. Ce jour, encore, je n'ai pas compris.

Je n'ai pas plus compris le comportement de mes sœurs à la mort de mon père. Une chose était certaine : mon protecteur n'était plus là pour, de son regard bienveillant, me voiler la face.

Agression, perversion, haine et passion. Mon dernier psy me disait : « La voûte n'est plus là pour soutenir la famille. »

J'aurais aimé ne pas avoir trouvé la théorie sur « l'encerclement familial ». J'aurais aimé ne pas être dedans.

Dans une famille, il arrive, pour des motifs qu'il est inutile de dévoiler ici, que tous les membres s'acharnent psychologiquement sur un des enfants. Cela forme un cercle, la famille resserre ce cercle sur l'enfant (même adulte) jusqu'à ce que mort (psychologique) s'ensuive. Cela mène généralement l'enfant à une mort psychologique ou un suicide. Les membres de la famille ne sont jamais accusés de meurtre et pourtant c'est bien de cela, dans un tribunal psychologique, dont il s'agit.

Sous les rosiers grimpant dont les branches retombaient et me donnaient un peu d'ombre, j'ai vu cette lumière éclairer mes feuilles. Ce dossier venait compléter celui de certains cas d'anorexie.

C'est après la mort de mon père que, comme me l'avait dit mon amie Fred, j'ai découvert l'horreur d'une réalité.

« "La préférée du père est la plus convoitée" : érotisée par le père, elle est le symbole de l'épanouissement et elle paie souvent le prix de ce qu'elle ignore. Elle est convoitée tant par les hommes que par les femmes puisque dans la symbolique elle est "porteuse de la puissance du père".

Elle est un mélange de charme masculin et de séduction féminine. Elle est jalousée, elle est la femme à abattre. »

Cet été de juillet 2000, mon cœur pleurait encore son chagrin, je regardais le ciel qui pourtant restait silencieux lorsque je demandais si mon père, de là-haut, pouvait encore me protéger. Quelques pétales de roses, sous le soleil, glissaient sur mes cheveux et retombaient sur mon visage. J'ai compris que dorénavant seules mes roses reviendraient chaque année me consoler. 2000 a en effet été par le climat, une année de roses.

Leur couleur et parfum apaisaient mon immense

chagrin. Mon père, que j'appelais le voyageur, plus jamais ne revint.

Le sacrifice, la mère qui ne veut pas que l'on tue son enfant, tout ceci m'a ramenée à mes 3 ans où mon père avait voulu se tuer avec moi. C'est depuis ce jour qu'il m'avait surprotégée, comme une poule l'aurait fait avec son poussin.

Comme je l'ai écrit dans *Miroir de femme*, ma mère était une très belle femme mais c'est bien dans le regard de mon père que je me réfléchissais le mieux. C'est ici que j'ai découvert « la symbiose père/fille ». Pire que l'œdipe ! Un des mécanismes les plus difficiles à démonter. Ce que j'avais appelé « ma maladie » commençait à se dessiner.

J'ai écrit plus de mille pages pour enfin répondre à la question que durant toutes ces années je m'étais posée : « Mais c'est quoi ma maladie ? » Une simple maladie d'amour !

C'est en cet été 2000 que j'ai écrit :

« Je suis entrée en analyse le 11 novembre 1976 pour guérir. En 1991 j'ai voulu épouser ma maladie en épousant mon psy. En 1994, je me suis propulsée psychanalyste pour comprendre. »

En 2000 toujours, j'ai confirmé :

« Je suis devenue psychanalyste et chercheur car c'était le seul moyen de voir enfin le jour de ma propre guérison. »

J'avais ainsi fait tout ce trajet, ce long voyage pour devenir psychanalyste de ma propre maladie sans savoir que ce serait un de mes élèves formés à ma méthode qui allait enfin me sortir de là.

Allongée dans mon jardin sous la fenêtre de ma chambre où je pouvais voir mes oiseaux, j'ai reçu un coup de fil de mon ami Laurent.

Laurent est un confrère, un psychanalyste traditionnel, nous avons un peu travaillé ensemble sur mes méthodes et nous nous voyons souvent.

C'est alors que Laurent m'a expliqué qu'un patient nommé David allait me téléphoner pour prendre rendez-vous. Il m'a dit que David était le frère d'Isabelle, une jeune femme avec qui il travaillait.

Laurent m'a expliqué que David ne pouvait pas sortir de chez lui, qu'il souffrait d'agoraphobie et d'attaques de panique, puis il a ajouté : « Il a 26 ans, cela dure depuis ses 15 ans et il a été interné déjà deux fois sans résultat. »

J'ai refusé catégoriquement, je ne m'occupais pas d'internement, et j'ai dit à Laurent :

– Tu sais que je suis toujours agoraphobe ! Comment pourrais-je recevoir ce David si moi-même je suis dans le même cas ?

– Tu as déjà sorti des personnes de là !

– Oui, Laurent, mais à l'époque c'était au stade expérimental. Tu imagines si je ne réussis pas à le sortir de là ? Si tu lui donnes de faux espoirs ? Et si moi, j'ai un échec, ce n'est pas le moment pour moi !

Laurent a insisté, j'ai refusé, il ne m'a pas entendue.

Une heure plus tard, David me téléphonait.

Ma première impression a été :

« Qu'est-ce que c'est que ça ? »

Je n'avais jamais jusqu'alors entendu une personne avec un discours aussi haché.

Sa voix tremblait, ses mots étaient entrecoupés, il bégayait, il ba-ba-ba-f-fou-fouillait. Cela me choquait profondément.

« Que vous est-il arrivé ? » ai-je demandé, me trouvant sur un terrain totalement inconnu.

Il m'a expliqué qu'il sortait de clinique et qu'il avait été drogué.

J'avoue que j'ai eu très peur. De quoi ? De moi, de lui, de l'internement dont j'avais été menacée. J'avais peur !

– Laurent m'a dit que vous pouviez m'aider.

Je me souviens que j'étais désemparée, je crois que je n'ai pas pu lui dire non, mais je n'en suis pas sûre.

– Rappelez-moi et je vais voir ce que je peux faire.

Phrase stupide qui ne veut rien dire.

Lorsque David a raccroché je me suis empressée de téléphoner à Laurent :

– T'es malade ! Tu as vu dans quel état il est !

– Si tu ne veux pas t'en occuper, ils le mettront en hôpital psychiatrique à nouveau.

– Mais pourquoi ?

– Je te l'ai dit : il n'y a que toi qui puisses l'aider.

Laurent a raccroché.

Je n'ai pas dormi de la nuit.

Le lendemain je me suis rendue au cimetière porter les fleurs interdites. Il était déjà seize heures.

Un ami m'accompagnait, mon portable a sonné.

J'ai fait signe à mon ami que je n'en avais sûrement pas pour longtemps.

« Merde ! David, mais que vais-je lui dire ? »

Durant plus d'une heure, David s'est accroché à moi sur les simples mots de Laurent :

– Vous seule pouvez me sortir de là.

Il me racontait son horrible parcours, je regardais la grille du cimetière devant laquelle j'étais stationnée et j'imaginais mon père comme une ombre présente, qui pourrait m'aider.

J'ai fini par demander à David de me rappeler à dix-neuf heures pour que nous prenions rendez-vous. Avais-je le choix ?

J'étais peut-être plus agoraphobe que lui et pire encore, conflits culturels, encerclement familial… et j'étais la seule à pouvoir l'aider !

Je suis allée déposer mes fleurs.

Sur le ciel bleu de ce mois de juillet le gardien a poussé la grande grille verte qui me séparait de mon père. Je me suis approchée avec mes fleurs :

– C'est trop tard, vous reviendrez demain, me dit le petit homme.

– Oui, ... les morts peuvent attendre ! ai-je répondu.

J'étais en colère.

C'est alors que j'ai regardé le ciel et cela a été comme si mon père me disait :

« Va t'occuper de David, tu n'as rien à faire au cimetière ! »

J'ai claqué la porte de ma voiture et j'ai dit à haute voix :

– T'as raison papa, je vais m'occuper de David !

– Tu dis quoi ? m'a dit mon ami.

– Laisse tomber ! C'est entre Dieu et moi.

À dix-neuf heures pétantes, David m'a téléphoné à nouveau.

Il m'a raconté son histoire. David travaillait à la chaîne. Sa première attaque de panique avait commencé à 15 ans.

– Les médecins n'ont rien compris, m'expliquait-il, ils ont essayé des traitements qui n'ont pas fonctionné ou très peu, puis ils ont augmenté les doses de neuroleptiques et antidépresseurs au fur et à mesure du non-succès.

À la suite de quoi s'est déclenché une intoxication médicamenteuse. On l'aurait à moins que cela !

Puis devant le peu de résultat, c'est un premier internement en psychiatrie et un second séjour.

J'ai senti un garçon abattu qui continuait de se battre avec le peu de forces que ces hommes en blanc, ignorants, avaient bien voulu lui laisser pour qu'il puisse encore respirer. Un souffle lent, des bégaiements.

– Pouvez-vous me dire à quel moment précisément survient votre première attaque de panique ?

Sa réponse confirmera ma théorie.

– Avez-vous une petite amie ?

Il confirme.

– Avez-vous senti des progrès depuis que vous vivez avec elle ?

Un temps mort...

– Avant de vivre avec elle, vous habitiez où ?

– Chez mes parents.

– Pourquoi vos parents ont-ils accepté vos internements ?

Il ne trouve pas de réponse.

– Combien de comprimés aujourd'hui ?

C'est hallucinant !

– Vous êtes à une heure de route de mon bureau, vous pensez pouvoir venir ?

– Mes parents sont d'accord pour m'accompagner.

– Quand vous sortez de chez vous, vous ressentez quoi ?

– J'ai envie de vomir, les jambes qui tremblent et…

– D'accord.

Inutile de le remettre dans ses angoisses. Il me fallait à présent gagner sa confiance. Il pensait que moi j'étais…

– David, si nous commençons un travail ensemble vous ne pourrez pas l'interrompre.

– Je suis d'accord.

– Plus question de retourner travailler jusqu'à ce que nous en parlions.

– D'accord.

– Les séances peuvent durer deux à trois heures.

Il a accepté.

– Je ne suis pas sûre de pouvoir vous sortir de là tant que vous êtes sous médicaments. Nous allons organiser un sevrage et là, je pourrai vous dire si nous allons nous en sortir.

C'est ici que je me suis surprise à dire : « Nous en sortir. » Je lui ai demandé de reprendre rendez-vous avec sa psychiatre.

J'ai rappelé Laurent et lui ai donné mes conclusions :

– Je ne sais pas ce que je vais trouver après son sevrage, pour l'instant je vois un jeune homme qui s'accroche désespérément, comme à sa dernière bouée de sauvetage, nous verrons après le sevrage. Je ne suis pas sur un terrain confortable.

Laurent a eu ces mots gentils :

– Ray, David c'est ton ticket de sortie !

– Que Dieu t'entende !

Je reprenais mes dossiers sur les attaques de paniques, je travaillais le jour, réfléchissais la nuit, j'écrivais et je notais, je dormais dans le jardin l'après-midi, je me réveillais, je prenais un café et je repartais.

« Pourquoi est-ce que ce jeune homme a été interné ? »

Le lundi suivant, dans mon bureau, David, Denise, sa maman et Didier, son père. Une famille délabrée, effondrée de chagrin, torturée, ignorante, impuissante !

Je les observais dans un silence où je savais que chaque mot aurait son poids. David était un beau jeune homme, brun, son regard complètement figé. Denise avait la larme à l'œil, on l'aurait pour moins que cela.

– Pourquoi avez-vous accepté un internement pour votre fils ?

La réponse était floue :

– C'est la psychiatre qui suivait notre fils qui l'a demandé, m'a expliqué Didier.

– Vous n'avez pas eu l'idée d'aller voir un autre psychiatre ?

– Je ne connais personne.

J'ai pensé que si mon premier psy m'avait fait interner, je n'aurais pas pu survivre à cet état. Je commençais à voir mes chances de réussite avec David se dessiner très légèrement mais je n'en étais pas sûre. Je me sentais coupable de ma propre agoraphobie lorsque Didier m'a dit :

– Je n'ai pas plus confiance en vous qu'en cette psychiatre.

Je me suis enfin sentie soulagée ! Je n'avais rien à prouver.

– Vous avez raison, ne faites confiance à personne. Seulement aux résultats que nous obtiendrons.

Je n'étais pas sûre de pouvoir sortir David de là mais au point où nous en étions, nous pouvions essayer.

– Donnez ma carte à votre psychiatre et demandez-lui un sevrage.

David a émis un petit sourire.

L'entretien a duré plus de deux heures, il est reparti confiant. Didier semblait marcher sur des œufs et Denise était fort embarrassée.

– Écoutez-moi bien David, à partir de maintenant, nous sommes deux. Si vous avez quoi que ce soit, vous m'appelez à n'importe quelle heure du jour ou de la nuit. Vous appelez !

– J'ai confiance en vous, je n'aurai pas besoin d'appeler.

Bon. il avait plus confiance en moi que moi en la thérapie que j'allais mettre en place.

Cela me donnait du courage.

Deux jours plus tard, j'étais invitée à dîner chez ma fille et je suis passé au Monoprix faire des courses.

Coup de fil de David :

– Je ne sais plus où j'en suis entre vous et elle, il a rebafouillé. Elle a dit que vous n'êtes pas médecin et que, si je continue, elle me fait interner.

Le peu de confiance que j'avais réussi à instaurer entre David et moi s'est effondré en quelques secondes.

Ces monstres ! J'étais furieuse, j'ai abandonné mes courses et suis sortie du Monoprix.

– Restez tranquille, je vais vous trouver un autre psychiatre.

Son « oui » était un « non, je n'ai plus confiance ».

J'ai téléphoné à un autre psychiatre qui a accepté de le recevoir.

Quelques jours plus tard, j'ai reçu David et son père.

Catastrophe !

Le visage désespéré :

– Il a dit que mon fils était déjà suivi et qu'il devait retourner chez sa psychiatre.

– Il vous a pris des honoraires ?

– Cinq cents francs, m'a répondu le père de David.

Le message était bien passé entre lui et moi.

– Je vais trouver un autre psychiatre, nous ferons tous les psychiatres s'il le faut !

Didier m'a fait comprendre qu'ils étaient entre mes mains, c'était à moi de jouer, mes cartes étaient faibles.

Il était déjà dix-huit heures et il me fallait un psychiatre pour le lendemain.

J'avais bien un cousin psychiatre mais il était à Sainte-Anne, pas question d'envoyer David là-bas.

C'est alors que Pierre, mon gendre, chez qui je dînais avec ma fille et qui me trouvait un air pour le moins préoccupé, m'a dit qu'il avait eu l'occasion de rencontrer un psychiatre très bien pour son neveu. Le soir même j'ai appelé la clinique près de chez moi :

– Le médecin sera là demain à neuf heures.

Je me souviens avoir attendu le lendemain neuf heures avec impatience.

Ce qui nous sépare des psychiatres c'est que, pour eux, nous ne sommes pas des médecins et pourtant, curieusement, nous pouvons lire sur leurs cartes de visite de plus en plus « Psychiatre, psychanalyste ». Ils ont une logique qui n'est pas la mienne. Pour un psychiatre, rien n'est dans l'urgence.

Je devais convaincre ce psychiatre et je savais que ce ne serait pas une mince affaire. J'avais répété dix fois mon discours mais lorsque j'ai eu le médecin en ligne, je lui disais :

– Je suis psychanalyste, je sais que vous, psychiatres, ne nous aimez pas vraiment mais j'ai un patient qui aurait besoin d'un sevrage...

Il m'a interrompue immédiatement :

– Je vais le recevoir et il pourra continuer son analyse. Demain à onze heures.

J'ai immédiatement appelé David pour l'en informer et lui demander de se mettre en contact avec la clinique.

David m'a confirmé son rendez-vous.

Le lendemain, Didier et David sont arrivés dans mon bureau plus confiants. Bêtement, j'ai proposé à Didier et David de me suivre en voiture pour que je leur montre le chemin. Je les sentais tellement perdus et, en même temps, confiants. Ils faisaient chaque fois une heure de route pour venir me voir, il me semblait que la moindre des choses était que je les accompagne dans mon village.

Je suis montée dans ma voiture et ils me suivaient. Je sentais l'immense confiance qu'ils mettaient en moi. Leur espoir qu'ils avaient tellement besoin de concrétiser.

Soudain, j'ai éclaté en sanglots. Je me suis cachée pour qu'ils ne me voient pas essuyer mes larmes.

Je me disais : « Moi aussi j'aurais aimé que l'on m'ouvre la route, alors que tant de personnes s'y sont opposées. »

Lorsque je suis arrivée devant la clinique, je n'ai pas voulu m'y attarder. J'ai montré la grille et, de peur que l'on vienne encore me chercher pour m'y interner, je me suis rapidement esquivée en faisant un signe de la main saluant ceux qui, enfin, retrouvaient un sourire.

Sur la route du retour, je continuais de sangloter et impossible de m'arrêter de chialer.

Je me suis endormie dans mon jardin puis j'ai été réveillé par le coup de fil de David :

– Il a été super ! me disait David.

C'est alors que j'ai compris comment j'allais sortir David d'affaire. J'ai séché mes larmes et me suis remise au travail. Et c'est ici que j'ai mis en place avec énormément de précaution, la façon et la technique qui allait me permettre de le tirer de là. Il ne me restait que la mise en place du sevrage à attendre et je pourrais enfin conduire David vers sa route.

J'allais tout simplement instaurer ce que j'aurais souhaité pour moi-même. Ce que mon premier psychanalyste m'avait refusé, alors qu'il était mon amant, psychanalyste et psychiatre et que ma demande à l'époque lui paraissait complètement farfelue. J'allais avancer pas à pas, comme si David c'était moi et, ensemble, nous allions passer la barrière que moi-même je n'avais pu franchir.

Je n'étais pas au bout de mes surprises !

Nous avons commencé les séances sérieusement. David venait accompagné de son père ou de sa mère.

David travaillait dur. Il restait parfois trois heures et il venait trois fois par semaine. Il s'accrochait, il racontait, il comprenait, il parlait, il s'entendait, il revenait peu à peu à la vie, je perdais mes nuits sans sommeil, je regardais le ciel, je pleurais mon père, je m'endormais dans le chagrin et me réveillais pour travailler.

Je repensais à mon père, aux trois manuscrits qu'il avait écrits en disant :

« Mes filles ne connaissent pas ma vie. »

Trois manuscrits intitulés :

« Aventures et mes aventures. »

Ce fou de la vie !

Un avion est passé dans le ciel. Quand j'étais petite je regardais les avions car je me demandais comment mon père, si grand, pouvait devenir si petit, là-haut, dans le ciel. Je savais que mon père n'aurait pas aimé me voir sombrer mais Lacan disait lui-même :

« Nous avons le droit de pleurer nos morts. »

Je pleurais ce qui pour moi n'était pas mort : la richesse que m'avait laissée mon père.

Je me suis enfermée dans mon jardin. Je continuais d'écrire et de cultiver le jardin de mon ignorance qui commençait enfin à fleurir.

David venait, nous travaillions dur.

Je demandais à Didier, qui commençait à revoir un sourire sur le visage de son fils, qu'il me fasse une promesse :

« J'ai appelé l'Ordre des médecins pour dénoncer les pratiques de la psychiatre de votre fils, car je pense qu'elle peut continuer ces pratiques avec d'autres familles. Nous avons leur soutien, je vous demande de faire une lettre que vous enverrez lorsque j'aurai sorti votre fils d'affaire. »

J'ai obtenu la promesse de Didier.

La séance suivante, David est venu en compagnie de sa petite amie.

Nos regards se sont croisés. Son regard m'était hostile.

Je savais, pour l'avoir vécu, qu'un agoraphobe trouve toujours un parasite.

Nos vies sont parasitées car cela permet aux vautours de croire qu'eux sont capables de faire ce dont nous sommes privés et qui, pourtant, est élémentaire. Pour certaines personnes, nous sommes à leur merci car nous dépendons complètement d'elles pour nous déplacer. Cela leur permet de se faire croire qu'elles ont un pouvoir sur l'autre. Nous devenons « manipulables » car l'autre nous laisse à une place que nous ne désirons pas, mais dont nous ne pouvons pas sortir puisque privés de notre autonomie.

Cette jeune femme avait compris ce que moi-même j'allais écrire dans la nuit : « Si vous êtes agoraphobe et qu'une personne dit vouloir vous “aider”, courage, fuyez. »

J'écrirai plus tard :

« Nous, agoraphobes, permettons aux manipulateurs pervers de jouer avec nous, puisque nous ne nous déplaçons pas seuls nous sommes facilement “déplaçables”. Nous sommes en proie à des manipulateurs ou pire encore : à des impuissants qui voudraient croire à une puissance qu'ils n'ont pas. À savoir qu'un manipulateur trouve toujours plus fort que lui et, avec certitude, un vautour croise son prédateur. »

Cette jeune femme a eu envers moi un regard méchant. Elle a compris à cet instant qu'elle ne pourrait plus utiliser David comme « une proie à sa propre impuissance ». Elle a compris, avant moi, je pense, que ses jours près de David étaient comptés.

Deux jours plus tard, David me téléphone :

– Elle part parce que vous lui avez demandé de partir et c'est vous qui vous sentez abandonné.

Nous sommes restés en ligne un bon moment. David avait déjà pris conscience qu'il pouvait, dorénavant, habiter seul, nous quittions la phase « abandon ».

Mon problème d'abandon n'était pas résolu, pourtant j'en connaissais les racines. Pour avoir joué dans les cimetières les dimanches de mon enfance et pour avoir détesté les avions qui me séparaient de mon père, je ne pouvais ni me déplacer ni dormir seule : la nuit, lorsque les petites lumières de la ville s'éteignaient, il me semblait que tout le monde dormait comme dans les dortoirs des colonies de vacances, les lits et les tombes se fondaient comme si tout le monde était mort. Durant des années, je me suis endormie et réveillée en sursaut en criant : « Au secours ! Y a quelqu'un ? »

Je connaissais mon histoire mais aucun psy n'avait réussi à me sortir de là malgré les sommes faramineuses que je leur avais déposées. J'avais fini par accepter de vivre « avec ». Mes nuits étaient un enfer !

Pour avoir écrit tant de théories, je savais que aussi « savante » que je pouvais être, jamais je ne pourrais entrer dans mon propre inconscient. J'avais même, au moyen d'un Dictaphone, essayé de m'analyser.

Un jour, en pleine crise, j'ai pris un Dictaphone et me suis laissé aller à dire ce que je voulais. Je me suis reposée. Quelques heures plus tard, je me positionnais en psy et j'ai écouté l'enregistrement. C'était déplorable. Je me suis même laissée prendre au jeu et surprise à dire : « Mon Dieu mais dans quel état est cette femme ! » Je pense que j'avais peur. Je n'ai pas réussi à m'analyser.

J'avais aussi réauditionné la totalité des cassettes enregistrées de ma folie durant les séances avec mon transgresseur : une voix de femme qui hurlait de douleur et un homme qui tentait d'échapper à ce qu'il avait créé. C'était hallucinant.

Jusqu'à ce jour, je n'ai jamais voulu entendre à nouveau ces cassettes tant c'est douloureux de se rendre compte de l'état dans lequel je me trouvais. Les personnes qui disent : « Mais on peut s'en sortir tout seul » ou encore : « Tout ça, c'est dans ta tête, tu n'as rien », ces personnes ne savent vraiment pas ce qu'elles disent et feraient mieux de se taire.

Durant mon travail avec David, et ayant réussi à ce qu'il puisse vivre seul, j'avais tenté d'en faire de même. Je marchais toute la nuit et tournais en rond dans des crises d'angoisses de mort et, le jour, je n'avais plus d'énergie pour mon travail. J'ai dû renoncer. Après la séparation de David et de son opportuniste qui n'a pas hésité à faire deux tentatives de suicide, je commençais à regarder les choses sous un autre angle :

« Si lui a réussi, je peux le faire aussi. »

Je n'ai trouvé aucun psy ni aucun allié.

Le lendemain d'une autre tentative où ma famille m'a fait comprendre que j'étais une « emmerdeuse », je regardais David et je commençais à envier sa sortie. Ne pouvant m'en sortir moi-même, ma seule récompense devenait sa réussite. J'ai mis les bouchées doubles.

David me décrivait ce qu'il ressentait sur l'autoroute : « Je suis sur l'autoroute et soudain je me sens prisonnier, ma gorge se serre et je n'arrive plus à respirer, mon cœur bat à deux cents à l'heure, je ne vois plus les autres, j'ai envie de faire demi-tour, je tremble, je suis en sueur. » Je revivais, dans son discours mes propres angoisses. Je me souviens que ma gorge se desséchait. J'avais une bouteille d'eau, je craignais qu'il ne voie les angoisses sur mon visage mais j'avais si bien appris à me contrôler que David n'a rien vu. Il me parlait, ma nuque se raidissait et je me souviens que je devais tenir mon cou et faire basculer ma tête en arrière pour avaler mon verre d'eau.

David commençait à aller beaucoup mieux, il reprenait confiance en lui, il m'étonnait, je souriais :

– Comment faites-vous pour comprendre aussi bien ? me répétait-il chaque fois qu'il partait dans le descriptif de ses angoisses.

– Je suis passée par là, sinon, comment pourrais-je vous entendre ?

En moi-même je me disais : « S'il savait ! »

Et puis il y a eu cette belle histoire.

David est arrivé un jour dans mon bureau qui était un chalet au fond d'un immense jardin :

– J'ai tout compris, m'a-t-il dit, sûr de lui.

Il a déposé sur mon bureau un marron dans son écorce verte à peine entrouverte :

– Je suis comme ce marron, je dois me détacher de mon arbre.

Il m'a montré la tige du marron :

– Voilà la tige que je dois couper.

Puis il a ajouté :

– Désolé, je n'ai pas pu vous ramener l'arbre.

Il a éclaté de rire !

J'étais très émue de sa métaphore et très heureuse du travail qui trouvait enfin son sens.

J'ai pris la tige du marron et je l'ai séparée du fruit :

– Vous devez couper des deux côtés, de votre côté, mais vos parents aussi devront accepter de couper de leur côté.

J'ai déposé le marron dans un cendrier en forme

de feuille et j'ai gardé le symbole que David venait de m'offrir en guise du remerciement de notre travail.

J'ai posé la feuille et son marron près du bouquet de roses qui se trouvait sur mon bureau.

L'après-midi, je recevais un autre patient. Un homme brillant, sensible et un grand créateur.

Il a aperçu le marron, il m'a demandé ce qu'il faisait sur mon bureau :

– Lorsque le marron quittera sa coquille, ce patient sera sorti d'affaire.

Alors il a eu ce geste inoubliable : il a pris quelques pétales de rose tombés sur le bureau :

– Il faut le vêtir, quand il sortira, il sera nu.

David a retrouvé deux jours plus tard son marron recouvert des pétales de roses.

Jour après jour, l'écorce s'ouvrait et laissait apparaître son fruit.

David n'avait plus d'attaque de panique, il dormait seul chez lui.

Il avait compris que la coupure était bien entamée, il était courageux.

Après deux longues nuits de réflexion, j'ai décidé que David, au vu de son avancement, était prêt à comprendre l'étape suivante :

– Voilà ce que nous allons faire : dans un premier temps, vous allez prendre et conduire votre voiture, votre père sera à côté de vous.

Très attentif, il m'a fait « oui » de la tête.

– Ensuite, plus tard, vous allez rouler derrière la voiture de votre père et le suivre. En dernière étape, c'est vous qui passerez devant et vous laisserez votre père derrière vous. Vous observerez tous vos ressentir et me les ramènerez ici. Vous avez bien compris ?

J'avais moi-même tenté cette expérience : un jour, en plein été, j'ai demandé à ma sœur Jackie : « Je vais te suivre en voiture et si je me sens bien, je te fais un signe et je passe devant. » Jackie a accepté. J'étais sur le boulevard Saint-Germain et à la hauteur des Deux Magots, j'ai fait un signe de la main et j'ai foncé droit devant ! J'étais si heureuse ! J'étais libre ! Mais, le lendemain, impossible de démarrer seule. J'ai appelé Jackie pour que nous recommencions l'expérience. Elle a accepté. Mais quand je lui ai dit : « Nous allons faire cela jusqu'à ce que j'arrive à conduire seule », elle m'a envoyée bouler !

Je suis restée chez moi et j'ai pleuré. Comme une petite enfant.

Ce jour-là, je regardais David et je savais que cela pourrait fonctionner. Cela permettrait de démécaniser un fonctionnement auquel on finit par croire.

Il souriait de joie et de bonheur, j'en aurais chialé de peur !

David est arrivé confiant, il avait conduit sa voiture.

David est arrivé tremblant, il avait suivi son père.

David est arrivé seul !

– Mon père roule trop lentement ! m'a-t-il dit dans un immense sourire. Il ne sera pas là avant un quart d'heure. J'ai foncé avec ma voiture !

C'est moi qui avais des sueurs !

Pas question d'aller trop vite mais pas question non plus de lui barrer la route.

David est arrivé quelques jours plus tard et je n'ai aperçu ni son père ni personne derrière lui. Le marron avait quitté son arbre.

David n'a rien dit, et je me suis souvenue du premier jour ou j'avais pris ma voiture seule après tant d'années...

J'avais stationné ma voiture près de ce grand magasin dans le XVe arrondissement, près de là où j'habitais, à cinq cents mètres.

Lorsque j'ai croisé ma mère, elle m'a regardée, j'ai souri mais elle n'a rien dit. J'ai été étonnée qu'elle ne s'approche pas de moi. C'est alors que j'ai compris qu'elle ne m'avait pas reconnue :

– Maman, c'est moi !

– Je me suis dit, qui c'est cette belle femme ? Je ne savais pas que c'était toi. Tu es seule ?

J'avais eu si honte ce jour-là ! Honte des efforts que j'avais faits et de ma mère qui, une fois de plus, ne me reconnaissait pas. Ensuite cela avait été comme si j'étais un singe qui aurait fait des pirouettes : toute la famille m'avait félicitée sauf celui qui avait compris... mon père !

Je pense que ma famille m'a plus applaudie ce jour-là qu'à la sortie de mon premier livre.

Lorsque David, sans me regarder, tandis que nous marchions vers mon bureau, m'a dit :

– Je suis venu seul vous savez !

– Vous ne voulez tout de même pas que j'applaudisse !

Nos sourires se sont croisés, nos sourires se sont entendus.

Comment pouvais-je féliciter un homme pour avoir fait ce qu'un gamin serait capable de faire : marcher seul !

Ce jour-là, j'ai compris que je sortirais David d'affaire. Ce jour-là, j'ai compris que personne ne pourrait me sortir de là !

Après le départ de David, la joie et l'amertume se sont confondues dans un goût de bouillie amer.

Les mois qui ont suivi, nous avons été de succès en succès.

Il a retrouvé une petite amie qu'il avait connue en clinique. Ses parents faisaient barrage. La tige était encore accrochée au marron. Pas facile de voir son enfant grandir !

Mes enfants déjà grands partaient en vacances et, pour ne pas que ma vie les dérange, je restais dans mon jardin... Comme chaque mois d'août.

C'est ce mois-ci que l'article « Transgression » est sorti dans le magazine *Psychologies*. Je me suis trouvée très embarrassée : « Que vont penser mes patients ? »

J'attendais la sortie du magazine dans une angoisse sans précédent. La peur d'être jugée ou accusée comme cela avait été le cas dix ans auparavant.

J'ai décidé de prévenir mes patients et de leur offrir la revue. Quelle n'a pas été ma surprise lorsque les journalistes de *Psychologies* m'appelèrent pour me féliciter. Puis c'était des appels de personnes dans des cas similaires et des lettres de félicitations. Après dix années, aux bancs des accusés par ceux de ma profession, le verdict est enfin tombé :

« Ray Hazan, non coupable ! »

Maintenant il me fallait affronter le regard de mes patients.

Je n'ai senti que de l'admiration.

David est arrivé et dans sa pureté encore enfantine :

– Je peux vous poser une question ? Il ne vous a pas violée ?

– Non, David. Mais il tenait toutes les ficelles de mon cerveau, c'est une autre façon d'appréhender les choses. C'est pour cela que je ne travaille pas sur le transfert. Cela donne un pouvoir abusif aux psychanalystes que nous sommes. Cela répond à votre question ?

Didier, le père de David, a eu ces mots gentils :

– Cette femme a dû souffrir et nous ne le savions pas.

J'ai enfin classé ce dossier et je suis retournée dans mon jardin. Je regardais le ciel en pensant que mon père aurait été satisfait de cette bonne fin.

Les jours suivants, j'avais retrouvé une confiance depuis longtemps enfouie dans la peur. Je remercie le magazine *Psychologies* qui a suivi et approuvé tous mes livres et qui m'a interviewée.

Nous avons, avec David, continué notre travail. Il ne manquait aucune séance, commençait à faire ses courses, à se faire plaisir.

Il est venu un jour dans mon bureau :

– Je suis prêt a reprendre un travail, m'a-t-il dit.

David avait observé un petit mulot qui grimpait le long du chalet, un jour, en pleine séance.

Il disait aussi que j'avais de la chance d'avoir un si beau jardin.

Il avait compris que nous ne pouvons pas être « mécaniques » lorsque nous sommes « créatifs ».

– Je veux être garde-forestier !

Allons bon !

Nous ne savons pas quel sera le désir de nos patients puisque, précisément, c'est ce qu'ils ignorent et c'est ce qu'ils viennent chercher. Je savais que David ne serait pas garde-forestier.

– D'accord, et vous allez faire quoi ?

– J'ai trouvé une école, ensuite je serai dans la nature.

– C'est le cas de le dire !

David a cherché, a trouvé, a changé de cap, cela a été les dauphins, puis élaguer les arbres. Jusqu'au jour où il m'a demandé si je pouvais le recevoir avec sa nouvelle petite amie qui avait des problèmes, après un internement et quelques dizaines de tentatives de suicide.

Dans mon bureau nous avons, David et moi, cerné la difficulté de son amie. Le lendemain nous en avons reparlé. J'ai donné mon diagnostic :

« Choc émotionnel grave intra-utérin ». Syndrome : anorexie installée.

Nous n'en savions pas plus, le terrain était fragile.

Les mois passaient, l'amie de David était suivie par un psychiatre, aucune interférence possible.

Plus tard, j'ai reçu un coup de fil de cette jeune fille qui avait une fois de plus tenté de mettre fin à ses jours. Elle savait que j'étais joignable vingt-quatre heures sur vingt-quatre, elle m'a appelée dans la nuit. Elle était dans le salon, je restais en ligne et hurlais sur le répondeur qui se trouvait dans la chambre de David en espérant que celui-ci m'entende, avant que je fasse intervenir le Samu. David a décroché et, dans un demi-sommeil, m'a dit qu'elle dormait à côté de lui.

– Non, David ! Réveillez-vous ! Elle est dans votre salon et a avalé des cachets !

David allait sortir son amie de là. Je veux dire qu'en pleine nuit, David a appelé le Samu, suivit l'ambulance jusqu'à l'hôpital, puis il est rentré chez lui.

Je me disais : « Beau travail pour un homme des forêts ! »

David s'est mis à l'écoute de son amie puisque celle-ci ne voulait plus revoir son psy.

J'ai alors proposé à David et son amie de faire une séance de kinésiologie avec une personne avec qui je travaille régulièrement. Ils ont accepté.

Les énergies de la jeune fille étant très affaiblies, nous avons servi de transfert énergétique.

La jeune fille a fait ce qu'on appelle une régression intra-utérine et nous avons compris que, dans le ventre de sa mère, son père lui avait donné des coups de pied.

David restait en contact psychologique avec elle, je lui laissais la place, j'étais émerveillée de la façon dont il savait faire revenir une personne de l'état inconscient à l'état conscient.

La séance suivante nous avons parlé de ce cas.

Il me semblait que David connaissait des choses qu'il ignorait lui-même. C'est alors qu'il m'a raconté les détails sordides de personnes internées et son amitié avec les malades.

C'est là que j'ai compris que j'avais encore peur des internements alors que lui naviguait dans ce monde comme dans un village qui avait été le sien.

– À votre avis, combien de personnes sont internées et qui pourrait s'en sortir par une psychanalyse ?

Il rigole :

– Avec vous ?

J'étais flattée !

Je me suis rendu compte que la menace de mon premier psy de me faire interner pesait encore sur moi. David parlait sans crainte de ses internements.

À cet instant je crois que j'aurais aimé dire : « Au secours David ! »

Ma place me l'interdisait.

David s'occupait de sa petite amie.

Nous rentrions déjà dans l'automne et je rencontrais Tom avec qui j'allais rester un an.

Nous partions en week-end, David cherchait sa forêt, sa petite amie était entre de bonnes mains, mon chagrin allait et venait mais je retrouvais une place de femme.

Comme je l'ai souvent écrit : « Chaque fois que je sors une personne d'affaire, c'est un peu de ma souffrance qui s'estompe. » Je considérais que David était sorti d'affaire et je décidais de souffler un peu.

Tom organisait nos week-ends dans des relais-châteaux, j'écrivais le matin aux aurores, je fumais des mini-cigares dans notre chambre près de la cheminée, pensant qu'il dormait à poings fermés, mais il dira un jour avec amour : « Je passe mes week-ends avec George Sand. »

Tom m'a remise sur ma route, Tom m'a soutenue dans mes travaux de recherches. Tom m'a simplement donné beaucoup d'amour.

Durant l'un de nos week-ends :

– Tu as fait quelque chose d'incroyable, m'a-t-il dit de sa grosse voix chaleureuse. Tu viens de faire quatre cent cinquante kilomètres ! Tu ne me crois pas ? Tu es comme saint Thomas et moi je suis Tom ! m'a-t-il dit en souriant de sa voix forte et chaude.

« Saint Thomas ? »

Nous venions d'arriver à l'auberge du Moulin de Cannelle, je me suis précipitée dans le salon, j'ai commandé un bon café et je me suis installée. Je venais enfin de trouver un nom à cette maladie qui me rongeait : « Le syndrome de saint Thomas ». Cette théorie viendra compléter celle du « syndrome d'Alice au pays des merveilles » qui est l'étape précédente.

C'est ainsi que j'allais enfin écrire la théorie complète que pendant des années j'avais cherché en pleurnichant auprès d'incompétents : « Mais c'est quoi ma maladie ? »

Désormais, ma maladie qui n'en était pas une portait enfin un nom : « Le syndrome de saint Thomas » dont la formule était : « Je ne crois plus qu'en ce que je vois ! »

L'agoraphobie est en effet par sa racine du mot « la peur de la foule ». Le « syndrome d'Alice au pays des merveilles » est l'accumulation de plusieurs symptômes. Ce mal dont j'avais souffert dans une première étape était ce « syndrome d'Alice au pays des merveilles ». Je n'expliquerai pas ici cette longue théorie mais ceux qui pensent être agoraphobes la comprendront si j'explique rapidement :

Suite à un choc émotionnel grave, dû à une séparation de 0 à 4 ans, nous pouvons faire une régression. Nous passons alors en quelques secondes à l'étape de « petit enfant » où le monde nous paraît trop grand puis à l'étape adulte, où le monde nous paraît trop petit. Le passage de l'étape adulte à celui d'enfant de moins de 4 ans, en quelques secondes, est insupportable à vivre. C'est aussi pour cette raison que les personnes atteintes de ce syndrome ne comprennent pas pourquoi, un jour, elles peuvent se déplacer seules et, le lendemain, le chemin leur paraît si long. Le « syndrome d'Alice » donne une autre dimension de compréhension à ceux qui se croient agoraphobes. Dans ce syndrome, c'est en effet une étape « symbiotique avec la mère » qui a été interrompue. L'adulte régresse ainsi avant ses 4 ans et, à 4 ans, on ne marche pas seul, on ne fait pas ses courses seul... Mais l'adulte est pourtant bien présent. Le conflit entre l'enfant blessé et l'adulte va déclencher ce syndrome que j'appelle « syndrome d'Alice au pays des merveilles », comme le conte de Lewis Carroll.

Je commençais à comprendre la richesse de ce syndrome et surtout l'intelligence qu'il véhiculait. L'autre étape que je nomme « syndrome de saint Thomas » est, hélas, l'étape suivante, c'est-à-dire qu'on n'a plus confiance dans les promesses des psy, médecins ou psychiatres. « On veut des preuves ! »

Je ne pense pas qu'un psy qui ne s'est pas trouvé un jour dans ce syndrome puisse nous sortir de là. Je le regrette. Mais cela est pire encore quand ils nous en font la promesse. C'est ici que « l'espoir devient désespoir ».

L'étape d'enfermement des personnes qui ne peuvent plus sortir de chez elles est si difficile qu'elles n'ont plus confiance en des promesses qu'on peut leur faire. C'est ici la complication de cette « maladie » :

– Je vais vous sortir de là.

– Non, je ne vous crois pas.

Nombre de personnes vont se reconnaître dans ces propos. Je pense à vous, Michèle, qui depuis un an me téléphonez, peut-être qu'après cette lecture, vous viendrez ?

Je venais, en septembre 2000, de boucler mes dossiers.

David était « guéri », je veux dire que c'était à lui de prendre le relais. Il devait continuer d'ouvrir le cercle qui s'était refermé sur lui, il en avait les moyens. Sa thérapie avait duré de juillet à septembre, il resterait sous contrôle, comme je l'avais prévenu, et ce durant deux ans. Le temps d'un cycle psychologique.

Septembre 2000 : David ne venait plus qu'une fois par semaine. Le contrôle est la phase où le psy écoute l'analyse de son patient.

Ici, nous n'intervenons plus ou très peu. C'est celui qui consulte qui prend le relais.

David était dans mon bureau, beau, brun, vaste sourire et visage épanoui. Je pouvais enfin boire un café sans supporter les raideurs de ma nuque. C'était une belle victoire pour moi. Je venais de boucler le dossier. David pouvait continuer sa route. Ses traits étaient détendus, ses gestes devenaient harmonieux, sa personnalité s'imposait d'elle-même. Son discours trouvait une autre dimension. C'était pour moi une formidable réussite. L'ambiance des séances était sereine. Nous avions passé la phase de démystification du psy.

David plaisantait, David était plein d'humour... David... voulait devenir psy !

J'aimais son humour, il était brillant dans sa simplicité.

– Si vous voulez être psy, vous devez suivre une formation, vous en avez au moins pour deux ans encore, trois fois par semaine, ensuite, si nous sommes d'accord, je vous confierais un patient et je resterais votre contrôleur.

– Trois fois par semaine pendant deux ans ! Lire des livres ! Écrire ! Faire des thèses et des comptes rendus ! Je suis d'accord !

Décidément, rien ne l'étonnait, rien ne le dérangeait, plus rien ne lui faisait peur !

David a suivi trois fois par semaine la formation « Analyse intensive », « Les grands schémas de la psychanalyse ». Il était étonnamment brillant.

Jusqu'au jour où il allait m'agacer : « Tenez je vous offre ces livres. Vous les avez lus, peut-être ? »

J'ai eu cette réponse ferme : « David si vous voulez me faire plaisir, offrez-moi des chocolats mais je vous en supplie, pas de livres, je déteste lire ! »

Embarrassé, il m'a dit : « Je vous les laisse quand même ? »

La séance suivante, David a posé sur mon bureau des tonnes de confitures qu'avait faites sa mère :

– Ce sont des fruits du jardin, vous savez !

– Je préfère les confitures aux livres.

– J'ai bien compris.

David continuait sa formation avec acharnement. Il me ramenait des cas de ses amis en clinique. Il lisait, il passait des heures sur Internet, il cherchait, il fouillait !

David a écrit son premier essai et m'a offert les premières pages de son manuscrit.

Devant son avancement, cinq mois plus tard, je lui proposais de suivre un de mes patients. « Non, je préfère m'occuper d'enfants. » C'est alors qu'une de mes amies m'a demandé de suivre sa fille. Il a accepté de la recevoir.

Je mettais mon bureau à sa disposition :

– Qu'est-ce que vous faites ?

Il avait préparé son rendez-vous une semaine à l'avance. Il installait des jouets, des feuilles et des peluches.

– Vous avez l'intention de faire quoi avec vos peluches ?

Je pensais qu'il voulait décorer le bureau pour lui donner un air un peu plus jeune. Sa patiente avait 5 ans, je crois.

– Quelle peluche est-ce que vous choisiriez ?

J'ai éclaté de rire. Il me faisait le coup des desserts ! Étonnamment, je ne lui en avais jamais parlé. Je me souviens l'avoir félicité.

David venait de mettre en place l'analyse des symboles à la portée des enfants.

– Je vous laisse la place, Martinez ! À vous les angoisses du psy maintenant !

Il riait... jaune.

En pleine séance, alors que je le recevais, un mercredi, son portable a sonné. Après avoir raccroché :

– C'était ma patiente, m'a-t-il dit, mi-sérieux, mi-blagueur.

Sa patiente de 5 ans, ce petit bout de chou, lui téléphonait ! Ainsi avait-il réussi avec les enfants ce que je pratiquais avec les adultes.

– C'est bien votre méthode ? m'a-t-il dit, presque arrogant !

– Oui, Martinez, beau travail !

Et ainsi nous venions de mettre en place une identité différente. David était mon patient et Martinez, le psychanalyste.

David continuait sa formation, ses recherches sur Internet, il dévorait les livres, écrivait.

Au printemps 2001, je validais sa formation.

En été 2001, il recevait sa première patiente.

Et, en été 2001...

Il faisait quelque trente degrés...

David est arrivé. Il avait rendez-vous avec le médecin qui avait mis en place son sevrage. Rendez-vous de contrôle.

– Ça vous dit de venir avec moi rencontrer le docteur B ?

Je ne sais plus si c'était les trente degrés mais je me suis mise à transpirer à grosses gouttes.

– Moi, à l'hôpital psychiatrique ?

Je tremblais de tous mes membres. Mon ex-patient voulait-il me faire interner ? Je perdais pied. Je me souvenais de ma visite à Sainte-Anne...

En 1992, j'avais aidé la sœur d'une de mes amies qui était dans un encerclement familial : Thérèse. Je l'avais tellement bien sortie d'affaire que je m'étais retrouvée avec toute sa famille sur le dos. Thérèse avait changé, elle avait appris le français puisqu'elle venait de Beyrouth avec toute sa famille. Elle avait appris à s'habiller, à lire et à écrire, elle était incroyable, je l'ai aidée à trouver sa route de femme.

Elle est devenue belle et élégante, elle venait me voir tous les jours.

Une fois, elle est venue avec son cahier :

– Tiens, apprends-moi à écrire et à lire, je veux être aide-soignante.

– Thérèse, je n'ai aucune patience, je vais te trouver un cours pour étrangers.

– Non ! C'est toi que je veux !

Thérèse m'a bousculée !

B A ? ABC... D, etc.

Jusqu'au jour où elle a suivi des cours de français :

– Tu vois, je sais lire.

Elle était si heureuse :

– Viens avec moi, j'ai trouvé une école à Montreuil, je veux que tu m'accompagnes.

– Non, Thérèse, je ne vais pas à Montreuil !

Nous sommes allées à Montreuil.

Quelques mois plus tard, Thérèse a obtenu son diplôme d'aide-soignante :

– Regarde, je vais te couper les cheveux.

– Non, Thérèse, tu ne sais pas.

Thérèse m'a coupé les cheveux. « T'es belle ! », m'a-t-elle dit. Oui, j'étais magnifique.

Elle était formidable, pleine de vie et de joie. Thérèse, après deux ans, est partie vers sa route jusqu'au jour où sa famille m'a menacée. Je venais de leur enlever Thérèse. « De lui ouvrir les yeux », m'accusaient-ils. Je me suis défendue. Une semaine plus tard, Thérèse m'a téléphoné :

– J'en ai marre de ma famille ! J'ai avalé tous les cachets de la maison, mon frère ne voulait pas que je vienne chez toi !

– Mais quels cachets Thérèse ?

– Tous ! Les antibiotiques, une aspirine... Après j'ai appelé le Samu.

– Et alors ?

– Alors ils m'ont emmenée à Sainte-Anne et j'ai passé la nuit là-bas.

– Et alors ?

– Alors j'ai oublié mon sac, je veux que tu viennes avec moi !

– Mais pourquoi tu as fait cela, Thérèse ?

– C'est pas grave, t'inquiète pas, ils m'ont fait vomir. J'arrive chez toi. Je veux mon sac.

J'étais devant Sainte-Anne, je tremblais de tous mes membres.

– Viens, on va chercher mon sac.

– Non, viens, on s'en va. Je t'offre un nouveau sac.

– Non, j'ai mes papiers.

Et nous voilà dans les jardins de Sainte-Anne. Puis devant les psychiatres, elle s'amusait avec tout le monde, elle rigolait comme si on était au Club Med. J'étais en sueur, je voulais partir. Je voulais m'enfuir !

– Viens, je vais te présenter l'infirmière.

Je suis entrée dans un bâtiment, on aurait dit une prison. Je tremblais de peur qu'ils ne me voient « malade ». L'infirmière a refermé la porte à clé. Catastrophe ! Je me suis dit que je sortirais par la fenêtre en cas de panique. Je cherchais la fenêtre. Des barreaux ! Tout était bouclé ! Lorsque, enfin, l'infirmière a sorti sa clé pour ouvrir la porte, je n'ai eu qu'une envie : la lui arracher pour m'enfuir le plus vite possible.

Et je me suis souvenue de cette fois où un homme avait essayé de me violer, dans un appartement où il m'avait invitée, au Brésil, en me faisant croire qu'il y avait une dizaine d'invités : il avait refermé la porte et, durant deux heures, j'avais tenté de lui échapper. Mais dès que je posais ma main sur la porte, sa grosse main venait la refermer. Cela avait été pire qu'un film d'Hitchcock ! J'avais fini, au bout de deux heures, par le convaincre de m'ouvrir la porte en prétextant que j'étais cardiaque et qu'il en porterait les conséquences. Simulant une crise, il avait pris peur et enfin cette porte s'était ouverte ! J'étais restée enfermée quinze jours chez ma sœur, sans pouvoir sortir tellement j'avais eu peur.

Finalement, j'avais dénoncé l'homme et justice avait été faite.

Finalement, l'infirmière a ouvert la porte et j'ai respiré un bon coup.

– T'as vu, ils m'ont rendu mon sac.

– Écoute-moi bien Thérèse. On va traverser ce parc sordide et plus jamais tu ne vas me refaire cela, d'accord ?

– T'inquiètes pas, je suis là.

C'est moi qui n'étais plus là. Ma tête avait décollé, elle s'est recollée à la sortie, sous cet énorme portail. Il me semblait sortir d'une prison. J'avais envie de l'étrangler mais elle souriait. J'ai respiré.

David m'a sortie de mes songes :

– Vous venez avec moi ?

Mais c'est une obsession ! Je ne veux pas aller à l'hôpital psychiatrique !

Ce jour-là, j'ai dû expliquer à David que mon premier psy m'avait menacée d'internement.

– Vous n'avez rien à craindre, je suis avec vous. Vous pourrez démythifier l'internement, vous sortirez de votre peur.

David m'a conduite vers cette maison de santé sous trente degrés de sueur et de chaleur. La grille s'est ouverte, la grille s'est refermée. C'était un endroit très beau, rien à voir avec Sainte-Anne. David portait un costume léger. Il était sûr de lui, je tremblais de peur. À peine sommes-nous entrés dans ce somptueux salon, qu'une jeune fille dans un état lamentable est arrivée vers David. Ils se sont enlacés. Elle semblait droguée, elle titubait :

– Toi aussi t'es venu faire un séjour ici ?

Pauvre enfant ! David était si bien dans son costume ! Elle était si mal qu'elle n'avait pas vu que David, de toute évidence, n'avait rien à faire ici. Le temps que David appelle son médecin, je me suis assise. La jeune fille est venue à côté de moi avec son fond de teint mal étalé, son crayon noir qui débordait, ses mains qui tremblaient. Je n'avais plus peur.

– Je sors bientôt, vous savez. On m'a dit que je dois être ma propre mère.

Eh bien ! Et puis, je ne sais plus pourquoi, je lui ai demandé si elle avait un enfant.

– Oui, j'ai un petit garçon.

En moi je me disais : « C'est quoi cette connerie ! Être la mère de son enfant et être sa propre mère ! »

– On m'a dit que je dois être autonome, a-t-elle continué, comme pour me convaincre qu'elle avait compris quelque chose.

– Et vous savez ce que cela veut dire, autonome ?

– Non, m'a-t-elle dit, en se moquant.

– Cela veut dire que vous ne devez pas tenir compte des autres, écouter votre cœur, n'écouter que lui et personne d'autre.

David m'a appelée. Le psychiatre était là. La patiente me tenait le bras.

– Je dois y aller.

Elle m'a embrassée :

– À bientôt.

– À bientôt.

Ma peur était bel et bien tombée.

David m'a présenté le médecin B, que j'avais appelé un an auparavant, mais il a refusé que je monte dans son bureau.

– Si, docteur. Madame Hazan monte avec nous.

Le toubib n'a rien dit, je me suis sentie à ma place. Il m'a fait signe de passer devant. Je me souviens que j'étais si contente de me défaire de ma peur des psychiatres que, pour le punir d'avoir essayé de me rejeter, j'ai monté les escaliers sur mes talons en remuant bien mes fesses de femme. La seule place qui me restait à prendre. Le médecin, comme tout psychiatre, a été très arrogant. Très bel homme cependant. Il m'a demandé si j'avais lu un tel et un tel.

– Je ne lis que ce que j'écris, voulant couper court à tout combat psychiatre-psychanalyste.

– Je vous remercie d'avoir sorti David et d'avoir accepté de le recevoir.

La prétention des hommes en blanc ne lui a pas permis de me féliciter alors j'ai ajouté :

– Nous avons fait du bon travail.

Le malaise était complet.

David m'a sortie de cet embarras :

– Vos parents étaient d'accord pour que vous fassiez des études de psychiatrie ?

Ce médecin s'est enfin relaxé et nous avons discuté. Tout ceci s'est bien terminé. Nous avons salué le psychiatre et j'ai passé la grille.

Je n'avais plus peur des internements ni des psychiatres.

Dans la voiture, j'ai juste dit : « Merci David. »

Ce même été 2001, mon fils Grégory signait pour un local de trois pièce au rez-de-chaussée et il me l'offrait.

J'ai installé les bureaux avec David, j'ai replongé dans une de mes passions : la décoration.

Deux mois plus tard, nous sommes installés.

Et deux mois plus tard encore, je ne supportais plus le bruit des voitures : nos bureaux donnaient sur un carrefour. La verdure me manquait. Nos bureaux étaient pourtant somptueusement décorés.

J'ai posé la question suivante à un de mes patients qui avait connu le chalet au fond du jardin :

– Comment trouvez-vous nos bureaux ?

– Vous seriez au bord du périphérique, cela me ferait le même effet.

« David, on s'en va ! »

Mon fils a acheté une maison à l'île Saint-Germain et il m'a offert le jardin. J'y ai installé mon bureau dans un chalet tout en bois.

L'odeur du pin, la décoration... Je retrouvais enfin la verdure d'un petit jardin que j'avais replanté. Il faisait bon vivre !

Nous travaillions avec acharnement. Les personnes qui venaient au chalet étaient ravies ! C'est un endroit comme j'aime, magique, plein de chaleur et de parfums naturels.

C'est ce fameux été 2001 que Martinez, alors que je buvais mon café dans le jardin, m'a dit :

– Vous n'êtes pas sortie d'affaire.

Je crois que j'ai recraché ce que je venais d'avaler :

– Vous savez quoi, Martinez, je ne vous ai rien demandé !

– Laissez-moi vous aider !

*Mais pour qui il se prend ?*

– Vous vous prenez pour qui ?

– Oui, je connais, c'est Lacan, m'a-t-il rétorqué.

Je me sentais prise dans un piège.

– Vous vous cachez mais je sais que vous ne vous en êtes pas sortie. Moi je peux vous sortir de là.

Je crois que je me suis enfuie. Je ne me souviens plus.

J'avais honte ! Ma pudeur m'explosait en pleine figure ! Honte que mes psy n'aient pas réussi ! Leur échec devenait le mien. Honte d'être démasquée par celui pour qui j'avais été, un court instant, une déesse.

Pour la première fois, j'étais prisonnière du savoir que je lui avais transmis. Je savais que je ne lui échapperais pas puisqu'il employait mes techniques. Puis, comme une petite fille, encore et encore, je me suis mise à fondre en larmes.

– Je vous dois bien cela !

– Vous ne me devez rien !

Je pleurais et murmurais :

– On n'y arrivera pas, vous êtes mon élève.

– C'est pour cela que je peux vous aider.

Je pleurnichais ma honte, tout en pensant : « Et si ça marchait ? »

Puis, l'idée allait et venait, s'installait et repartait.

J'avais l'impression d'être un lapin dans un champ, face au chasseur qui tirait à vue et qu'il n'y avait plus un seul talus où je pouvais me planquer !

Traquée, j'ai fini par accepter.

Allait commencer pour moi une sorte de chasse, je veux dire qu'après vingt ans d'analyse, je connaissais toutes les astuces pour faire croire que :

– tout allait bien,
– j'étais guérie,
– je n'avais rien,
– j'étais heureuse,
– je me déplaçais seule.

J'allais passer mon temps à essayer de l'embrouiller sans voir que je m'embrouillais moi-même dans ma propre brume.

Il me coinçait, m'attendait au tournant, je faisais demi-tour, le retrouvais sur ma route, jusqu'au jour où son père m'a téléphoné. Je ne savais plus quoi dire, j'avais complètement perdu mon identité : psy, élève, patiente, qui étais-je à présent ?

Didier a eu ces mots si doux :

– Acceptez que David vous aide, il le fait de bon cœur.

Je suis allée me réfugier dans les bois sous un saule-pleureur. Je ne voyais que la honte d'avoir été thérapeute et de repasser sur les bancs de l'école. J'étais comme un loup de mer pris à son propre piège.

Il m'était impossible d'être face à lui. J'acceptais de parler au téléphone. Je refusais de voir en face de moi son regard que j'avais connu admiratif.

– Appelez-moi quand vous voulez.

*Mais pour qui se prend-il ?*

Je naviguais entre la psy que j'étais et la patiente qui refusait de croire qu'un élève puisse lui venir en aide tout en sachant que seule « ma méthode » était satisfaisante. Accepter ma technique sans que ce soit un de mes élèves était incompatible. Je devais accepter l'illogisme et le peu de déontologie que cela entraînait, mais au point où j'en étais avec la déontologie !

Le conflit était cruel, je devais confier ma vie la plus intime à celui qui était venu démuni de toute défense dans mon bureau.

Durant six mois, j'allais vivre le pire de tous mes cauchemars.

Allait s'installer le pire des conflits : dire que Martinez était mon psy, il n'en était pas question, il n'était plus mon patient.

Cela me rappelait mon histoire avec mon premier psy, qui était tantôt l'homme, tantôt le psy.

Nous devions, Martinez et moi, naviguer à vue, tantôt mon élève, tantôt... mon psy !

« Vous ne tiendrez pas là où Al a échoué ! » Mais il résistait, il avait réponse à tout !

Arrogant ! Sûr de lui ! Pédant ! Puant ! Je le détestais ! Je ne pouvais plus résister aux piquets qu'il installait à droite et à gauche. Il ne se dessinait plus qu'une seule route et elle était droit devant moi.

Il m'a fallu plus de six mois durant lesquels je lui ai fait passer les tests les plus odieux, je le reconnais.

Étant sûr de sa capacité, de son intelligence, de sa subtilité, de la sûreté de sa solidité, il avait tout accepté !

Six mois plus tard, j'ai craqué. J'ai fini par analyser, à force de questions, pourquoi et comment Martinez pouvait me sortir de là.

Freud disait : « Nous pouvons venir en aide à nos patients uniquement dans notre partie soignée. »

La partie qui me manquait n'avait pas été, chez David, une partie « malade ». Je veux dire qu'il était structuré. Je n'avais pas eu de mal à le remettre sur pied puisqu'il avait ce qu'on appelle une « structure ». C'est ce qui m'avait interpellée lors de nos premiers entretiens. Moi je n'avais pas cette structure et c'était cela qu'il fallait construire.

Le travail de mes six précédents psychanalystes avait été déplorable, toutes les théories pratiques étaient erronées. Mes psy avaient avec obsession voulu me défaire de mon amour pour mon père, de notre complicité silencieuse : erreur ! Mon attachement pour ma mère était dans son refoulement, extrêmement violent. Pourquoi mes psy avaient-ils avec obsession « visé le père » ? Comment Martinez avait-il compris l'identité masquée de ce refoulement et de l'incompréhension que je portais sur l'inaccessibilité de ma mère ?

– Mais c'est vous qui me l'avez enseigné !

J'avais tout oublié, même le monde de la mère !

Je ne sais pas si vous pouvez le comprendre mais, aussi bons psychanalystes que nous sommes, nous devenons patients ignorants. J'avais été « le maître », je devenais l'élève.

Nous avons en effet employé « ma technique », c'est-à-dire que j'ai fini par accepter de me déplacer, tenue par un fil... de téléphone.

Je me souviens de mon combat, de mes résistances, quand, dans ma voiture, l'angoisse montait et que je refusais d'appeler Martinez, serrant le téléphone, comme la seule main qui se tendait vers moi et que j'aurais aimé couper !

– Je dépends complètement de vous, Martinez !

Cela me rappelait mes patients, à qui je rétorquais :

– Mieux vaut dépendre d'une seule personne que de toute une armée !

Mes paroles de professionnelle ne me venaient même pas en aide, j'étais dans la traversée du désert.

Trois mois plus tard, je pouvais enfin circuler, je m'articulais au monde, dans une harmonie sans précédent. Mes peurs s'effaçaient, je les rattrapais pour être sûre de les anéantir définitivement. Finalement comme un cheval, je me suis cabrée et j'ai foncé.

Martinez avait fait les preuves de son savoir, de sa capacité à résister, cela n'a pas été sans mal. Passer au-delà de six psychanalystes n'était pas une mince affaire puisqu'il fallait replacer chaque parole erronée de mes chers et tendres psy, sans compter les interdits qu'ils m'avaient imposés.

Nous avons travaillé sur ce qui s'appelle la structure, c'est-à-dire le rationnel, ce qui est cartésien. C'était pour moi une véritable souffrance. Je savais depuis toute petite que je refusais de voir le monde tel qu'il était dans sa cruauté, perversité et médiocrité. Je n'avais aucune défense, sauf en cas de naufrage. Je veux dire que je savais me retourner de toutes les situations, à condition d'être au bord d'une falaise, prête à tomber. Alors, seulement, je retrouvais les forces de remettre les pieds sur terre.

Mes carences étaient les petits maux du quotidien dans lesquels je me noyais. Mon quotidien, que je voulais savoir baigner d'amour, de fleurs et de colombes, venait voiler une vérité que je ne pouvais envisager. Je savais tenir des conférences, je savais écrire des livres, soutenir des dizaines de personnes, sortir une femme de son anorexie, je savais coudre, dessiner, fabriquer mais je ne savais pas... dire non !

Le nom du père, chez moi si fortement ancré et camouflé derrière une identité culturelle confuse, le rôle de « l'homme », que « mes hommes » m'avaient obligée à tenir. « Faire la femme » et non plus « faire les hommes » cela me donnait des maux de ventre à me rouler au sol.

Dans nos mécanismes inconscients, je savais que, lorsque la machine est en route, nous ne pouvons plus l'arrêter, il faut aller jusqu'au bout !

Ce bout de femme, ce bout d'enfant, ce bout de mère que mes autres psy avaient laissés « en souffrance ».

Amorcer la sortie a été pire pour moi que d'accoucher de quintuplés. Les résistances que nous construisons au fil du temps sont des barrages à nos désirs.

Je continuais de donner à manger à mes oiseaux, aux oiseaux du ciel. Je continuais de fleurir mes jardins et, peu à peu, je sortais enfin de mes souterrains. Je me sentais diminuée, je voyais l'ampleur des dégâts laissés derrière moi : ma première maison, à la limite d'être saisie par les huissiers, vendue vingt-quatre heures avant ; notre dernière maison que j'avais rachetée lors de mon deuxième divorce, mes boutiques envolées ; ma fabrique de rotin volée par mon associé, notre maison de Saint-Maurice vendue à la dernière extrémité ; les images dont j'avais fait une gloire de croire que derrière chaque mal se trouvait du bien venaient m'exploser en pleine figure : je devais accepter mes échecs, ce que j'avais toujours refusé.

Je sanglotais face à des réalités enfouies dans la terre, comme dans les cimetières de mon enfance. J'avais l'art de tout rendre beau. J'avais « l'art de la magie », ce putain de phallus que les hommes m'avaient collé, à défaut de savoir ou vouloir prendre leur place d'homme.

Je découvrais l'ampleur de mes mensonges, les camouflages, la brillance qu'Alice Millet nomme « carence affective dans la petite enfance ».

Mais nous avons tous une enfance malheureuse !

Qui prétend avoir reçu suffisamment d'amour ? Qui prétend avoir été accepté pour ce qu'il était par ses parents ? Qui ?

– Je ne parle pas des autres, je parle de vous, disait Martinez.

Je vomissais ma vie de femme. J'avais une indigestion de mes échecs et... je devais de plus en plus accepter que j'étais une femme seule ! L'horreur dans toute sa splendeur !

– Je n'ai plus rien ! Je ne suis plus rien ! vous êtes content Martinez !

Je n'étais plus qu'une femme et j'en aurais crevé de chagrin !

Mais laquelle de mes patientes a hurlé : « Super ! Je ne suis rien qu'une femme ! » ? Aucune ! La condition féminine est difficilement acceptable lorsqu'on a la mauvaise habitude de « se battre comme un homme » !

Après la sortie de mon ouvrage *Miroir de femme*, j'étais devenue ce qu'un magazine avait nommé : « la femme-miroir ». J'étais spécialisée dans les comportements de la femme. Le savoir pour les autres est une chose, l'appliquer à soi-même est une torture ! J'étais aussi l'auteur de : « Une femme qui n'a pas trouvé son miroir de femme sera toute sa vie en errance d'"elle-même". »

Ma mère si belle mais si inaccessible n'avait pas accepté de me réfléchir dans sa beauté. C'est de mon père dont j'avais reçu ce miroir... mais il était homme. J'étais cette femme travestie de l'intérieur. Mi-figue mi-raisin, il me fallait retrouver la sève de mes racines. Je connaissais aussi la base négative de ma problématique.

Une personne qui dit : « Je ne peux pas rester seule, dormir seule », annonce simplement qu'elle est coupée de son désir. Démunie d'une partie « vivante » de sa réelle personnalité.

Ma famille continuait de dire : « Ray fait toujours ce qui lui plaît. »

Mon fils investissait dans la pierre. Je n'avais toujours pas vu le mal qui le rongeait. Ma mère dira : « Ton fils achète la ville entière. »

Six mois plus tard, je recevais le plus beau des cadeaux, mais aussi celui qui allait me mettre face à une douloureuse réalité. J'ai visité une petite maison à Meudon. Elle ressemblait à notre maison de Saint-Maurice, près du bois de Vincennes. Celle-ci était près du bois de Meudon. Plein soleil et, comme à Saint-Maurice, les fenêtres donnaient sur les jardins côté sud.

En avril 2002, mon analyse était bien avancée, nous avions travaillé avec acharnement durant une année. C'est en ce début de printemps que Grégory m'a invitée à déjeuner avec son père qui était à Paris. Grégory a garé sa voiture devant la petite maison de Meudon, rue de l'Arrivée.

« Tu as les clés ? » ai-je interrogé. Popy était assis dans le jardin. Comme à chaque fois, nous nous sommes enlacés très fort, comme à chaque fois, j'ai fondu en larmes dans ses bras. Comme à chaque fois, mon fils est resté enfermé dans son silence. Je ne savais plus où j'étais. Grégory m'a sortie de mon brouillard :

– Elle est pour toi, maman.

Grégory m'offrait les clés de ce paradis, paradis perdu de notre enfance ou paradis retrouvé, je ne savais plus si saint Pierre m'ouvrait ses portes ou les refermait. C'est alors que j'ai compris que mon fils, face à son père, me restituait notre bien de Saint-

Maurice. Je comprenais combien mon fils avait souffert de perdre notre maison.

Popy me regardait avec son sourire en coin, Grégory ne disait rien. Je ne savais plus quoi dire. J'ai souri. Quelques heures plus tard, l'homme que j'aimais encore, par la grille s'en est allé.

– Tu es chez toi maintenant, maman, m'a dit mon fils en m'embrassant, récompense de toute une vie qui vient pourtant nous poignarder le cœur.

La grille s'est refermée sur les hommes que mon cœur serrait si fort. Je tenais la clé de ce petit paradis et, sous le soleil du printemps, allongée sur l'herbe, je me suis endormie. Réveillée par le chant d'un oiseau, je me suis dit : « Je suis arrivée. »

J'ai repris le fil du téléphone et, avec Martinez, nous sommes restés en ligne un bon moment.

Ma fille est arrivée avec Laura et Jordan, mes petits-enfants, les bras remplis de fruits et de fleurs. « Tu savais ? »

Elle souriait. Elle était si jolie, si sûre d'elle, si belle. « Tu sais où tu vas installer ton bureau ? »

Cela me sortait de mes jambes en coton. « Viens maman, allez, on va visiter. »

J'étais comme encotonée, désarmée. Je ne savais plus quoi dire ni quoi penser.

Le jour suivant, j'ai lu le bonheur de mes enfants, Grégory était enfin libre.

J'avais longtemps travaillé sur cette notion de dette.

Moi, j'avais une dette envers mon père, qui me restait à accomplir, de « réussir » puisque, comme il le disait lui-même : « Je sais que tu réussiras. »

Ma mère pensait que j'aurais mieux fait d'épouser les hommes richissimes qui m'avaient demandée en mariage. Des hommes qui, de leurs millions, auraient fait de moi une poupée de femme. J'avais pourtant essayé à plusieurs reprises de satisfaire le désir de ma mère. « Aucun désir de mère ne peut être accompli par son enfant. »

C'est dans cette maison, au printemps 2002, que j'ai enfin planté les fleurs de ma culture.

J'ai repris les pinceaux, les clous et le marteau. J'ai peint les volets en bleu, installé mon bureau, jardiné, décoré... et je m'y suis installée.

Martinez ne m'a pas lâchée. « Vous allez pouvoir dormir seule, maintenant. »

J'étais à nouveau traquée. « Ta gueule le psy ! »

Je regardais la volière que je venais d'installer. La nuit commençait à tomber, je résistais, la nuit tombait, je m'enfuyais. Martinez me rattrapait, je recommençais, la nuit tombait, je m'enfuyais. Je dormais chez ma fille, j'avais honte et je me faisais toute petite. Ma fille souriait.

Pierre, mon gendre, a compris. « Tiens Nany, prends la clé. »

Pierre m'a offert, avec Sandrine, la clé de leur maison. Ainsi, j'avais la clé de mes rêves pour le jour et la clé des cimetières de mon enfance auxquels j'essayais d'échapper la nuit en me glissant sur la pointe des pieds dans la chambre d'ami, à côté de celles des enfants de mon gendre.

Face à mon fils, j'étais encore dans mes mensonges.

– Vous avez l'intention de faire jour chez vous et nuit collée à votre fille ?

« Purée, ta gueule, Martinez ! »

Après trois semaines de combat contre moi-même où je descendais la nuit tombante et remontais aux aurores, lasse de ma fuite, j'ai décidé d'accepter l'aide que Martinez me proposait. Et ainsi chaque soir, vers vingt et une heures trente, j'appelais Martinez et nous restions en ligne jusqu'à ce que le sommeil apaise les images horribles qui me tenaient prisonnière. Mais il faut le vivre pour savoir ce que l'on ressent.

Être coupé de ses désirs, c'est comme être coupé d'une partie de soi. Rien ne se fait par la force.

Je passais mes nuits à sangloter au téléphone, à revivre les angoisses les plus terrifiantes de mon enfance. Évidemment, malencontreusement, j'avais eu tous les chocs émotionnels possibles.

Mes parents voyageaient sans cesse, les valises, les départs, alors nous étions confiés à la voisine qui, pour nous punir, nous enfermait dans la cave noire, remplie de rats.

La nourrice à la campagne nous frappait aux orties, mes jambes se boursouflaient.

Pour avoir parlé dans le dortoir en colonie de vacances, j'ai passé la nuit au pied de mon lit, à genoux sur une barre de fer.

Les vieux du village me tripotaient et mes parents disaient : « Le grand air leur fait du bien. »

Mes parents pensaient que j'étais timide, alors que j'étais enfermée dans le silence pour ne pas avouer combien l'effort financier qu'ils consentaient pour nous faire respirer l'air me meurtrissait le cœur.

Tout ceci s'est enfin arrêté le jour où mon père a gagné sa vie, j'ai gagné la mienne, trop tard, les traumatismes étaient installés... Je le savais.

Mon père n'a jamais rien su ni rien vu.

Tous ces souvenirs de mes 6 ans revenaient lorsque la nuit tombait dans la petite maison aux volets bleus. Les lumières s'éteignaient peu à peu et, dans ma tête, les morts jaillissaient des cimetières nocturnes de mon enfance.

Martinez restait en ligne. Je laissais toutes les lumières allumées, les chambres, le bureau, le salon et même les éclairages du jardin, la télé, la radio. Le silence m'était insupportable.

Tout ceci, peu à peu, a cessé.

Je me souviens que je m'endormais au téléphone, que je rêvais à haute voix, ou bien d'épuisement, je ronflais. Martinez coupait la ligne. Nous avons enfin remporté cette immense victoire.

Durant plus de trois mois, jusqu'à l'automne 2002, Martinez restait en ligne avec moi jusqu'à l'épuisement des fantômes de mes nuits.

Pour ceux qui pensent que les maladies psychologiques n'existent pas, j'espère les avoir convaincus de l'ampleur des dégâts.

Durant toutes ces années, mes nuits avaient bouffé mes jours.

Je garderais des séquelles de toutes ces années d'incompétence de mes psy. Aujourd'hui, je vis avec.

En automne 2002, j'étais enfin une femme... libre. Martinez et moi avons coupé la ligne, comme le marron, des deux côtés.

Une paix comme un vent léger s'est enfin installée dans ma vie.

C'est ce même automne que Vincent m'a téléphoné. Annonçant son retour à Paris.

Ma vie professionnelle n'a, à aucun moment, été interrompue, bien au contraire.

Libérée de mes propres enfermements, j'ai pu traiter les dossiers de mes patients les plus lourds avec succès.

J'ai écrit ce livre pour que l'on comprenne bien que, comme le dit Alice Miller : « On ne devient pas psy, on naît psy. » Nous ne choisissons pas ce métier, c'est lui qui nous choisit.

Ce métier n'est ni une vocation ni un désir. Aujourd'hui, je pratique ce métier avec une facilité qui m'étonne moi-même.

Je souhaiterai que l'on cesse de penser ou de vouloir croire que l'on devient psychanalyste en allant à l'université.

J'ai vécu plus de vingt années dans une maladie psychosomatique que je nomme le « syndrome d'Alice aux pays des merveilles » avec aggravation des symptômes pour ne pas avoir été entendue par six psychanalystes et psychiatres et qui est devenu le « syndrome de saint Thomas ».

« J'ai souffert d'une longue maladie » qui plus simplement pourrait être identifié comme une sensibilité extrême, sans aucun moyen de défense. Pouvons-nous dire que nous sommes des malades ? Alors, si nous sommes aux yeux des autres de grands malades, des phobiques, des agoraphobes, je m'en félicite car pour moi il me semble n'avoir souffert que d'une maladie d'amour. « Car c'est dans nos faiblesses que se trouvent nos forces. » La maladie n'étant plus là, il ne me reste aujourd'hui que l'amour, une maison, qu'une de mes patientes a appelé « La maison du bonheur » mes amis, et ceux que j'aime. Un jardin de roses et une bibliothèque où s'empilent des livres que les éditeurs refusent.

C'est ici, aussi, que j'ai écrit près des volets bleus : « Le berceau de nos névroses. »

Ce matin, dans la boîte aux lettres accrochée sur la grille du jardin, j'ai reçu un contrat d'édition.

La lettre disait :

« Nous serions très honorés de faire paraître vos ouvrages. Veuillez nous retourner le contrat que vous trouverez ci-joint. Bien à vous. »

Signé : « Éditeur L'inconnu. »

J'ai appelé David pour lui crier ma joie :

– Et vous ne savez pas qui est cet éditeur ?

« Non ! Éditeur L'inconnu... »

– Vous ne vous êtes pas posé la question de savoir qui est cet un connu ?

Sur la table du jardin, sous le saule pleureur, j'ai signé ce contrat en y apposant ces mots :

« Recevez, Monsieur, l'assurance de ma parfaite considération et l'exclusivité de mes ouvrages écrits et à venir... »

Votre mère qui vous aime...

– C'est l'aventure qui commence ?

« Oui,... Martinez ! »

Mis en pages par DV Arts Graphiques à Chartres,
cet ouvrage a été achevé d'imprimer en novembre 2016
par l'Imprimerie Moderne de Bayeux - 14400 Bayeux